DE LA

TENDANCE DE NOTRE ÉPOQUE

VERS LA RÉPUBLIQUE.

Est-ce la république qui est la chimère ?
Est-ce le juste-milieu qui est la réalité ?

EXTRAIT DE LA REVUE ENCYCLOPÉDIQUE.
(Publication de Janvier 1835.)

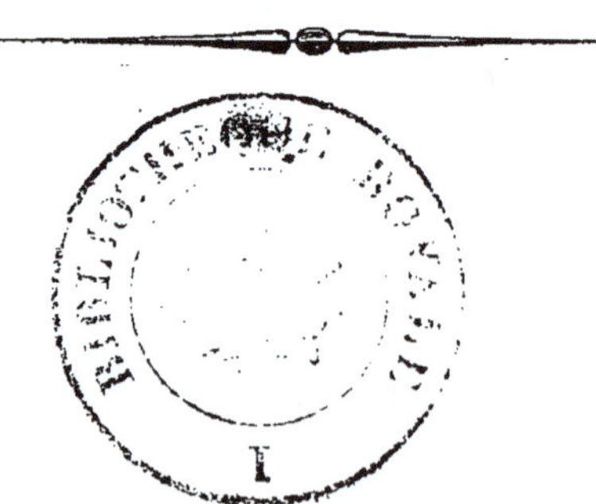

PARIS,

AU BUREAU DE LA REVUE ENCYCLOPÉDIQUE,

RUE DES SAINTS-PÈRES, N° 26.

1834.

Le volume dont cette brochure est extraite sera livré au public dans
le courant de janvier 1855. Il contient, outre cet extrait, un article de
M. P. LEROUX sur les Rapports du Christianisme avec la doctrine de
la perfectibilité ; un article de M. J. REYNAUD sur la position minéralogique de Paris, et sur les causes qui ont fait de cette ville la capitale de
la France ; un Résumé des progrès des Sciences géographiques en 1853,
par M. D'AVEZAC ; un Résumé des progrès des Sciences géologiques ;
un article de Statistique de M. QUÉTELET ; un travail de M. GIROU DE
BUZAREINGUES sur la Proportion des Sexes et les causes qui la modifient ; des articles littéraires de MM. ÉDOUARD CHARTON et HIPPOLYTE
FORTOUL, etc., etc.

REVUE ENCYCLOPÉDIQUE.

PHILOSOPHIE POLITIQUE.

DE LA TENDANCE DE NOTRE ÉPOQUE
VERS LA RÉPUBLIQUE.

> Est-ce la république qui est la chimère ?
> Est-ce le juste-milieu qui est la réalité ?

§ I.

Il ne manque pas aujourd'hui, même dans les rangs patriotes, d'hommes qui, infatués d'une fausse expérience, répètent sans cesse que la logique n'est pour rien dans la vraie politique. On ne nie pas les principes; on les reconnaît même, quand on est sommé de le faire; mais cela est de pure forme; il est tacitement convenu qu'ils ne tirent pas à conséquence pour la pratique. Les hommes à principes sont réputés gens qui rêvent un monde imaginaire, enfans excusables ou fous dangereux. A quel titre les met-on ainsi hors de la question? En vertu des faits, au nom de ce que l'on appelle la réalité. C'est là le triomphe des doctrinaires, comme de tous les incertains qui s'attachent à eux, de tous les lâches qui trahissent pour eux d'anciennes convictions. Voyez, répondent-ils à toutes les attaques, les faits ne sont-ils pas pour nous?

Si la réalité n'était autre chose que les faits qui, à un moment donné, apparaissent à la surface de la société, elle serait certainement pour eux. Mais ce qui est réellement, est-ce le phénomène passager sorti un moment du néant pour y rentrer à jamais, ou bien est-ce la substance qui soutient ce phénomène? Est-ce ce qui nous apparaît à l'heure présente, ou bien plutôt n'est-ce pas ce qui, étant aujourd'hui, sera encore demain et se continuera dans l'avenir? La question n'est pas douteuse. La réalité, c'est ce qui est, sans doute; mais ce qui est, c'est ce qui dure, c'est-à-dire ce qui se développe.

Dans l'humanité quelque chose subsiste fondamentalement : c'est sa vie progressive, s'accomplissant dans un temps déterminé par Dieu. Prenez chacune de ses branches, chaque grande famille humaine; elle aussi a sa vie qui doit s'accomplir sur une région du globe, et dans le cours d'une époque historique. Ainsi en est-il de la famille européenne dans l'époque moderne; ainsi des principales individualités nationales qui la composent; ainsi de la France.

Comment cette vie s'accomplit-elle? Comme celle de l'individu : dans une série de faits, où elle trouve son expression complète et entière. Cette série de faits, voilà ce qui a été hier, ce qui est aujourd'hui, ce qui sera demain; voilà donc la *réalité*. Chaque fait est aussi réalité en tant qu'il est un terme d'une série complète de ces développemens; car ce qui le constitue tel subsistera demain comme aujourd'hui. Embrassez donc d'abord un ensemble de faits qui suffise à l'accomplissement de la vie générale; puis, si les faits actuels ont une place dans votre conception et y prennent leur rang, adoptez-les sans réserve : c'est la réalité. Sinon, soyez assuré que vous les voyez mal, que vous méconnaissez leur véritable nature, que vous les prenez dans leur fausse et fugitive apparence, et non dans leur caractère essentiel et durable.

Ainsi, pour l'homme individuel, la réalité, ce n'est pas l'instant présent, ni le fait particulier qui s'y passe : c'est l'ensemble des états divers par lesquels il doit passer dans l'accomplissement de sa vie.

Fou serait celui qui, prenant un de ces états pour le type de son existence, s'y confierait à toujours sans rien prévoir pour celui qui va suivre : parce qu'il est actuellement dans le sommeil et la nuit, arrangera-t-il sa vie entière pour la nuit et le sommeil? Eh bien, font-ils autre chose, ces prétendus sages que l'expérience a dégoûtés des théories? Nous savons comme eux que la société est enveloppée dans une nuit obscure, qu'un sommeil lourd et pénible appesantit ses paupières et paralyse son activité : mais tandis que nous voudrions l'arracher à son engourdissement afin qu'elle soit debout pour saluer l'astre lumineux dont nous prévoyons le retour, eux l'y retiennent, comme si, l'obscurité devant toujours durer, c'était un bienfait de prolonger sa torpeur; et si quelque rayon matinal vient lui effleurer le front, ils s'empressent de l'intercepter et d'ajouter une nuit factice à la nuit dont le cours s'avance; et si un besoin confus d'activité commence à donner quelques signes, ils ont des moyens de redoubler la léthargie.

Mais qu'ils s'aveuglent eux-mêmes tant qu'ils voudront, en se privant volontairement de tout idéal : l'idéal n'en conduit pas moins le monde, et viendra le moment où leur prétendue réalité leur échappera comme un songe, et où ils s'apercevront enfin que c'étaient eux qui prenaient l'apparence pour la réalité.

Il y a en effet un rapport divin et nécessaire entre la raison, la logique et la vraie réalité; en sorte que ce sont les hommes qui s'attachent aux principes qui sont véritablement les hommes de réalité, tandis que ceux qui vivent au décousu et sans principes ne connaissent véritablement pas ce monde et cette époque sur lesquels ils prétendent s'appuyer.

Ce qui est, ce qui existe par soi-même, c'est Dieu, c'est la vérité et la perfection absolues. L'univers n'en est que la manifestation finie ; à chaque instant de sa durée, il n'existe qu'autant qu'il réalise, dans le temps et dans le fini, ou progressivement et approximativement, un type d'ordre parfait, conçu par la raison absolue. Ce type, cet idéal a une existence absolue, puisque c'est un détail de la vérité infinie, une des faces de Dieu par lesquelles il se manifeste successivement dans le temps. L'existence de l'univers, toute relative, est uniquement dans son rapport à cet idéal, dans le travail de réalisation de ce type, réalisation jamais absolue, création incessante. Ainsi de chaque être, ainsi de l'humanité, et de tout ce qui est de l'humanité. L'humanité, à chaque moment de sa durée, n'existe qu'autant qu'elle tend à réaliser un ordre des choses humaines, conception de la raison absolue, c'est-à-dire parfait en lui-même ou rationnel. En effet, et le mot même l'indique, ce qui n'est pas rationnel n'existe pas pour la raison ; c'est la chimère qui n'a pas d'existence et, par conséquent, ne peut avoir de manifestation dans la réalité.

Mais l'humanité a sa raison, reflet de la raison divine : l'humanité est libre. L'humanité réalise donc librement un type d'ordre humain, parce que sa raison l'a conçu, ou qu'il est vrai pour elle.

Par la même cause, chacune de ses variétés, c'est-à-dire chaque société, n'existe et ne peut exister qu'autant qu'elle a conçu et tend à réaliser progressivement un type de perfection, un idéal de société, partie intégrante de la pensée divine, conception de la raison infinie, c'est-à-dire vrai en lui-même, parfait dans son ensemble, rationnel. Comment est-il rationnel, sinon lorsqu'il est logique pour l'individu et juste pour la société ? Ainsi, à cette seule condition, qu'il soit juste et logique, il est dans le monde des possibles, et susceptible d'entrer dans le monde des êtres, des *réalités*.

Cette série de faits possibles, dans la limite desquels doit s'accomplir, comme nous l'avons dit, la vie d'une époque sociale, ce n'est donc que la réalisation, dans le temps, d'un idéal juste et logique; en d'autres termes, ce n'est que l'application progressive d'un principe.

En effet, ce mot de principes, consacré et rendu populaire par la révolution, ne désigne autre chose que cet idéal des temps modernes, qui plane sur notre vie et vers lequel nous gravitons sans cesse. Compris ainsi, le sens de ce mot perd ses obscurités et ce qu'on y croyait voir d'impraticable. Quand on se figure les principes comme une règle absolue et un cadre irrévocablement arrêté où la société doit tout d'un coup et définitivement entrer de gré ou de force, on se bute à l'impossible, et l'on doit inévitablement tronquer, fausser les principes eux-mêmes; alors de désespoir on arrive à douter de la vérité, à nier la logique. Mais si vous les concevez comme cet idéal dont les rayons nous éclairent, et, pénétrant de plus en plus dans notre sein, y nourrissent et accroissent la vie, alors vous les cherchez non dans une réalisation absolue, mais dans un développement progressif et constant, et vous possédez la réalité.

Ainsi s'explique et se justifie complètement à nos yeux cette croyance, ferme conviction de toutes les âmes élevées, instinct indestructible des masses, que toute force, toute puissance, tout avenir sont en eux, et que seuls ils soulèvent et pétrissent le monde. La philosophie ne nous apprend-elle pas, en effet, que rien ne se fait dans l'humanité sinon en vue d'un idéal divin, d'une vérité apparue à la conscience. Le nier, ce serait dire que l'humanité peut désirer, vouloir, agir en vue d'un but absurde. Vous qui le soutenez, mais vous blasphémez! mais c'est vous qui rêvez, vous qui nous traitez de rêveurs!

Si donc nous cherchons la réalité, déterminons d'abord l'idéal d'ordre social dont est empreinte la conscience humaine dans la variété de notre espèce à laquelle nous appartenons, c'est-à-dire dans notre communion, dans notre société; comprenons l'en-

semble de faits possibles dans lesquels doit, en conséquence,
s'accomplir la vie de cette société ; puis voyons en quoi le fait
actuel se rapporte à la tendance vers cet idéal, appartient à
cette série de développemens par lesquels cette tendance peut se
produire : et quand nous aurons trouvé ce rapport, attachons-
nous-y ; car c'est évidemment par là que ce fait existe , tandis
que par tout autre côté il est néant. C'est là ce qui durera en lui,
ce qui persistera sous d'autres formes : c'est là , par conséquent,
ce qu'il en faut accepter et développer. Mais si , rapportant tout
à la forme apparente dont la vie s'est revêtue un moment, et
prenant pour la substance qui dure un phénomène périssable,
vous l'embrassez comme la réalité même, bientôt il ne restera
dans vos bras qu'une dépouille où la vie aura passé , mais où
elle ne sera pas.

Maintenant à quels signes reconnaître , dans telle conception
d'organisation sociale , le type de société parfaite vers lequel
marche l'humanité, prise dans une de ses époques et une de ses
variétés ?

Puisqu'il est emprunté à la raison divine , il doit nécessairement être rationnel, rendant raison de lui-même, et logique :
puisqu'il a dû préalablement être conçu et admis par l'esprit
humain, il est nécessairement parfait et juste, relativement à un
état donné de la nature humaine. Si ces caractères lui manquent,
ce n'est qu'une chimère absurde , créée par la fantaisie avec quelques traits défigurés d'un idéal vrai.

Nous ne voulons pas traiter ici la question de savoir si la suc-
cession de ces types , qui se remplacent dans la conscience
humaine, est réglée par une loi nécessaire, ou bien s'il est
laissé aux hommes de parvenir, en vertu de leur propre spontanéité , à la conception de tel ou tel idéal nouveau, puisé
dans le nombre infini que renferme la pensée divine. Que l'humanité ait ou non ce choix, il n'en est pas moins certain que si
elle se prend de foi pour un idéal de société, c'est qu'elle croit

qu'en le supposant réalisé, l'homme serait à son état normal et accomplirait parfaitement sa destination providentielle, selon l'idée qu'elle s'en fait. Ne lui faut-il pas un motif déterminant, et peut-elle en avoir un autre ? Reconnaissons donc comment notre communion, notre véritable société comprend l'état normal de l'homme et sa destination providentielle ; puis voyons s'ils seraient réalisés dans l'ordre social en vue duquel nous prétendons qu'elle se meut.

En d'autres termes, et pour en résumer le double caractère, il faut que ce type d'ordre social se déduise logiquement du principe moral et religieux qui forme notre croyance. A cette condition seule, il est la vérité de notre époque, il est réalisable, et, par son incarnation progressive dans les faits, peut produire la société vivante, *la réalité.*

Passons en revue les types de perfection sociale qui se sont successivement dévoilés à l'intelligence de notre monde européen.

§ II.

L'Europe actuelle a derrière elle deux vies antérieures : l'antiquité, et la chrétienté ou le moyen âge. Nous ne remontons pas plus haut parce que toutes nos origines directes sont là.

Chacune de ces époques a vécu en vue d'un idéal de société : examinons.

Le point culminant de l'antiquité, c'est évidemment la cité grecque et romaine. L'idéal vers lequel elle a gravité était donc la république. Or, alors comme aujourd'hui, l'idée fondamentale de la république était celle d'un ordre social où la liberté conquise par la cité, se réfléchissant tout entière dans chaque citoyen, celui-ci serait vraiment à l'état d'homme libre, d'un ordre social organisé logiquement d'après le principe de liberté.

Cela suppose que les anciens regardaient comme l'état normal de l'homme, d'être constitué cause et arbitre de sa propre vie, c'est-à-dire, agent libre et responsable. Mais sous l'empire du polythéisme, le genre humain était borné pour les Grecs aux Grecs, pour les Romains à Rome et à la Grèce. La qualité d'homme n'appartenait point aux Barbares ; aussi point de droit pour eux. Voilà comment, à côté de la croyance au principe de liberté pour l'*homme*, fut admise la légitimité de l'esclavage pour le *genre humain*. Je dirai plus : on crut à la légitimité de l'esclavage à l'égard des Barbares, en vertu même du principe de liberté admis à l'égard des hommes, c'est-à-dire des citoyens. Car, de même que l'égalité aujourd'hui, l'esclavage alors était la condition indispensable pour qu'il y eût des hommes libres. La civilisation et la puissance sur la nature extérieure étaient encore trop peu développées pour que l'on pût concevoir des *individualités* existantes autrement que par l'absorption d'autres êtres humains, ni des citoyens vraiment libres, sinon à la condition de commander à des peuples vaincus. Ainsi la liberté était identifiée avec la domination ; comme le Sylla de Montesquieu, c'est pour arriver à l'indépendance que Rome enchaîna le monde.

Cette liberté antique avait son complément naturel dans l'institution de la propriété ; et, comme elle se résolvait en un droit d'opprimer, de même la propriété consistait en un droit jaloux, exclusif, moins sur la terre que contre les hommes. Nous montrerons plus tard comment le principe de liberté s'est transformé, épuré, élargi dans nos temps modernes, et comment, au contraire, le droit de propriété est encore ce qu'il était lorsque l'enfanta la liberté antique, c'est-à-dire un appendice du code de l'esclavage.

Mais après avoir obéi à l'attraction d'un idéal jusqu'à s'en approcher autant que la sagesse divine ou sa propre nature le permet, l'humanité commence à en dévier, ayant rencontré l'action prédominante d'une autre force attractive, ayant aperçu un idéal supérieur qui s'empare, à son tour, de son intelligence et de sa foi.

Immédiatement après l'apogée de la république antique commence à nos yeux l'ère du christianisme. Sous son influence un nouvel idéal domine dans l'esprit humain ; celui d'une société organisée d'après le principe de l'autorité ou du droit divin. Le christianisme nie le droit humain, c'est-à-dire la liberté dont on avait fait un si terrible abus, et lui substitue le droit divin. En cela il était conséquent à lui-même.

Dans le dogme chrétien, l'humanité n'a plus à se créer par l'effort de sa liberté dans un progrès indéfini ; elle est toute faite : son type de perfection a été réalisé et s'est montré à la terre. Le copier doit être toute la vie du chrétien, et l'imitation de Jésus-Christ est la base de sa morale. Dès lors, qu'a-t-il besoin de liberté ? Elle ne peut que lui nuire. Le règne du principe de l'autorité est donc en relation nécessaire avec ce dogme.

La véritable destinée du chrétien n'est pas sur la terre. Il ne doit pas chercher à vaincre le mal qui est ici-bas dans les décrets de la Providence, mais se faire un mérite de le souffrir avec résignation, en traversant la vie, les yeux fixés sur un monde meilleur. Le type de société en harmonie avec ces idées est la permanence de l'inégalité des conditions, qui est d'institution divine, et l'obéissance passive aux puissances qui sont établies de Dieu, c'est-à-dire le servage sous ses formes diverses, l'aristocratie, la monarchie absolue.

Prenant la nature humaine à l'état de civilisation chrétienne, ce système est juste. En effet, il ne viole aucun droit, puisqu'il n'y en a point d'attachés à la qualité d'homme ; il ne sacrifie personne, car la pauvreté et le servage offrant matière à mériter par la résignation et l'obéissance, le chrétien les considère plutôt comme des faveurs du ciel que comme des maux ; enfin, s'il fait vivre et travailler le serf, non pour lui, mais pour son maître, il décharge le premier de la responsabilité de sa vie, et la reporte sur le second. S'il établit les princes et les seigneurs *pasteurs* de leurs peuples et de leurs serfs, il leur impose le devoir, sous leur responsabilité personnelle vis-à-vis de Dieu et de l'Église, de défendre leur *troupeau*, et de pourvoir à sa subsistance. Nous ne prétendons pas que les choses fussent réellement arrangées ainsi; nous disons qu'elles devaient l'être dans l'ordre parfait et rationnel en vue duquel se mouvait le monde.

L'état normal et la destination providentielle de l'humanité s'y seraient trouvés réalisés, tels que le système chrétien les comprenait; car c'était précisément l'abnégation de soi-même par la foi devant l'autorité spirituelle et par l'obéissance passive sous le droit divin des puissances.

Voilà un système social logique, rationnel, parfait en lui-même, en un mot vrai. Il peut être l'objet de la croyance et de l'activité humaines. En fait, il l'a été pendant une longue et grande époque; il l'est encore en partie aujourd'hui. Nous l'appellerons le système, l'idéal catholique, ou monarchique, ou aristocratique, ou de droit divin. Tous ces noms lui appartiennent : il est le même et tout entier sous chacun d'eux.

Mais à côté de lui n'en règne-t-il pas un autre qui déjà le balance et l'ébranle dans presque toutes les consciences, en partage avec lui le plus grand nombre, et l'a complètement chassé des plus éclairées, des plus morales? C'est demander si en regard de la civilisation chrétienne, il ne s'en est pas produit une autre. Qui peut en douter? Ce que tout le monde appelle les idées nouvelles, la philosophie moderne, idées et philosophie déjà mêlées à tout, qu'est-ce autre chose qu'une civilisation, dite moderne, ou philosophique, ou française, car le monde connaît ces idées sous le nom de françaises. C'est de celle-là que nous parlons quand nous disons : notre civilisation. Tous les peuples, tous les hommes qui y participent sont de notre communion, c'est-à-dire que nous nous sentons en communauté avec eux.

Tout cela, en quelque lieu qu'il se trouve, c'est la société moderne, c'est la France, c'est notre humanité.

Quelle est pour cette civilisation l'idée d'une société parfaite? Il faut, pour ne pas s'y tromper, savoir comment elle conçoit l'homme, son état normal et sa destination providentielle; quel est le principe moral et religieux qui forme sa croyance.

L'idée fondamentale qu'elle a de l'homme (et cela est si incontestable que cette idée est sa base, son point de départ) est celle d'une cause libre, et, en cette qualité, méritante et responsable, douée de moralité, capable de vertu. Il ne s'agit pas ici de la question, si cette cause est libre à l'égard de Dieu, si elle est distincte ou non de la cause infinie, si elle pense et veut par elle-même, ou si c'est Dieu, raison et puissance absolue, qui veut et pense en elle. Il s'agit seulement de cette autre question, si cette cause finie est distincte des autres causes finies, dont l'action contre elle s'appelle *fatalité*. Entendu ainsi, le libre arbitre, aux yeux de toute notre humanité moderne, c'est tout l'homme, c'est ce qui lui en donne la qualité, la nature morale, la *dignité*; expression admirable qu'a trouvée notre civilisation, se caractérisant par elle, et se rendant ainsi témoignage.

Pour la conscience humaine, telle que l'a faite cette civilisation, la destination providentielle de l'homme c'est de mériter par la vertu, c'est-à-dire par le bien accompli librement. Son état normal, par lequel il atteindrait la pleine dignité humaine et pourrait remplir sa destination, c'est de n'agir qu'en vertu de sa liberté; c'est donc d'être affranchi du joug de l'autorité, qui, en retirant à l'homme la direction de sa propre vie, mutile sa nature de cause libre, d'agent moral, pour en faire l'instrument d'une cause étrangère et le sujet passif d'une impulsion fatale.

Voilà posé le principe de liberté dans lequel on ne peut méconnaître l'élément générateur de toute la civilisation moderne. C'est le même qui anima la société antique, et lui créa pour idéal la république. La preuve historique s'en trouverait, au besoin, dans ce retour à l'antiquité, qui, sous le nom si caractéristique de *renaissance*, signala le berceau de l'ère moderne. Elle se trouverait encore dans cette imitation de Rome et de la Grèce poussée jusqu'à la manie par la révolution, qui ne se trompait pas sur sa tradition la plus lointaine. Mais ce principe reparaît bien plus large et plus vrai ; car il est enté sur cette vérité promulguée par le christianisme, que tous les mortels sont frères, que la qualité d'homme appartient à tous les enfans d'Adam. Dès lors il s'applique à tous au même titre, c'est-à-dire qu'il comprend le principe d'égalité, sans lequel désormais il n'est pas complet.

Le catholicisme ne niait pas le libre arbitre, et cependant il arrivait à des conclusions contraires ; mais la raison en est bien évidente, et nous l'avons déjà indiquée.

Le catholicisme ne contestait pas que la *patrie* proposée aux désirs de l'homme ne fût celle où il se trouverait affranchi de la fatalité ; mais il la plaçait dans le ciel, ne sachant pas sa réalisation progressive sur la terre. Il en faisait la récompense de la résignation qu'aurait montrée le chrétien dans cet exil d'ici-bas, sous les liens du monde physique et social, considérés comme un fait invariable, irrémédiable, providentiel, et contre lequel c'était un crime de se révolter. Ainsi la liberté était ajournée, et le principe de l'autorité restait maître absolu de ce monde déchu.

Le véritable rôle de l'humanité, en tant qu'exilée, était donc l'attente dans l'abnégation ; mais dès que l'on est sorti du cercle chrétien, et qu'on admet le progrès dans le monde, ce rôle devient l'action dans la liberté.

Par conséquent l'idéal de société moderne est le système où le citoyen serait élevé à son état normal d'*homme libre*, par l'affranchissement de cette impulsion fatale qu'il reçoit de l'autorité.

Cet affranchissement n'est pas l'affranchissement absolu ; celui-là, nous n'en pouvons concevoir aucune idée déterminée, ni aucune réalité qui s'y rapporte : c'est l'affranchissement déterminé, qui n'est vrai que relativement ; mais une vérité relative n'en est pas moins une vérité.

Ainsi l'homme fait, par une foule de causes diverses, misère, ignorance ou faiblesse, qui limitent sa liberté, ne possède que relativement la qualité d'agent moral et responsable ; l'enfant n'en est que relativement destitué. Cependant il y a un âge auquel notre raison reconnaît cette nature d'homme qui attribue la responsabilité, un âge auquel elle la refuse. De même l'humanité moderne a l'idée d'un certain affranchissement, par lequel l'individualité serait constituée, et l'homme deviendrait libre autant qu'il nous est donné de concevoir la liberté.

Ce n'est pas l'émancipation de toute autorité, ce qui ne ferait pas l'homme libre, mais isolé, et par suite esclave ou sujet passif des forces fatales, la matière et l'ignorance ; mais c'est l'émancipation de toute autorité autre que la volonté vraiment générale et la croyance commune de la société entière.

Par exemple, dans le régime actuel quelques-uns sont indépendans, sauf des devoirs, en partie éludés, envers l'État. Les autres, dont l'existence dépend de ceux-là, sont obligés de servir leurs caprices, de ne vouloir que ce qu'ils veulent. Serfs, non de droit, mais de fait, les conditions de leur vie physique et morale, et par suite la possibilité pour eux de sortir de l'état d'infériorité où ils sont, de s'élever jusqu'à la dignité humaine et d'accomplir ainsi leur destination providentielle, tout cela tient au bon plaisir des maîtres de la société. L'homme n'est pas libre, à moins qu'il ne soit affranchi de cette situation précaire, du joug de ces volontés individuelles.

D'un autre côté, nous sommes livrés en naissant à l'influence souvent désastreuse de ceux que le hasard donne pour maîtres à notre enfance. Les traditions que nous recevons d'eux, et qu'il ne nous a pas été donné de choisir, déterminent cependant en grande partie toute notre existence. C'est une cause fatale dont nous restons pendant toute la durée de nos jours plus ou moins esclaves. Cette qualité de cause libre, qui nous fait hommes, est ainsi profondément altérée par l'empire de ces traditions particulières. Il n'y a pas de vraie liberté si nous ne sommes soustraits à cette usurpation frauduleuse de la conscience par le préjugé ; et pour que nous le soyons, la première condition est une éducation publique, où l'on puise la seule tradition reconnue par le consentement général, source de certitude.

Ainsi, l'émancipation du citoyen de toute domination qui n'est pas celle de la volonté générale ; son affranchissement, quant à l'éducation, de la fantaisie d'autres individus ; voilà des traits principaux de cet idéal moderne que l'on pourrait définir : l'ordre social qui affranchit l'homme du joug des volontés et des traditions particulières, ou de toute autorité individuelle ; l'ordre social qui fait l'individu indépendant des individus.

Son nom, et ce n'est pas nous qui le lui avons donné, est République : c'est lui aussi que l'on appelle souveraineté du peuple, ou règne de la volonté générale. Sous l'une ou l'autre dénomination, son caractère essentiel est l'établissement de l'individualité.

Poser l'individualité de cette manière, ce n'est pas détruire l'association. Au contraire : si l'homme est un individu, c'est un individu social ; sa personnalité ne vit, n'a d'air respirable, pour ainsi dire que dans l'association. Que la puissance et la science communes se réfléchissent dans chaque citoyen, de sorte que celui-ci, quoique individualité distincte, vive de la vie entière de la société, voilà le résultat où nous tendons ; mais nous n'oublions pas que la liberté est la cause finale et en même temps la condition préalable de l'association. Il peut y avoir organisation entre des forces fatales ; mais d'association, il n'y en a qu'entre des forces libres. Constituez donc d'abord des libertés si vous voulez les associer ; ou bien, si ce double fait doit se créer par un acte unique, n'oubliez pas lequel doit être la règle de l'autre.

Ne commettez pas non plus la méprise de voir la république dans la prédominance exclusive de l'égalité. La véritable égalité n'est qu'un corollaire, une application de la liberté. C'est ce dernier principe étendu à tous les hommes en vertu de cette idée répandue par le christianisme, que tous nous sommes frères, et qu'ainsi ce qui est vrai de l'un de nous l'est de tous. En ne rapportant pas l'égalité à la liberté, et en ne la lui subordonnant pas au besoin, on doit conclure inévitablement à la destruction des individualités déjà constituées, et cela est la négation même de la république. On oublie que le but étant de constituer la liberté, la liberté doit toujours être l'élément principal de la création. Cependant comment ne voit-on pas qu'il est impossible à la liberté de se constituer autrement que par son propre exercice, par son propre effort? Pour qu'un homme soit libre, ne faut-il pas d'abord qu'il ait une volonté spontanée? Ils sont radicalement faux, ces systèmes d'organisation qui prétendent faire aux peuples une liberté sans leur participation, au lieu qu'ils se la fassent eux-mêmes. Ceux qui la disent fille du despotisme ou de la théocratie sont ses plus perfides ennemis. Heureusement qu'ils ne sont pas moins impuissans; car, en supprimant le désir et la liberté, unique force de l'humanité, ils la privent de celle qui lui serait nécessaire pour marcher à leur suite.

Ne perdons jamais de vue que notre idéal est l'accord de la société avec l'individualité, en prenant celle-ci pour base et pour but final. Il le comprenait ainsi, le philosophe dont la parole puissante le proclama de manière à émouvoir le monde, et dont les vues philosophiques, à cet égard, ne sont pas encore dépassées. Voici comment Rousseau s'est posé le problème : « Trouver une forme d'association qui défende et protège de » toute la force commune la personne et les biens de chaque » associé, et par laquelle chacun, s'unissant à tous, n'obéisse » pourtant qu'à lui-même, et reste aussi libre qu'auparavant. »

Nous l'acceptons, ce problème, et nous entrevoyons déjà des

élémens de solution que le génie de Rousseau ne pouvait deviner. Nous avons vu des apparitions éclatantes, sous la forme de l'opinion publique, de cette volonté générale, qui, pour le grand écrivain, n'avait été qu'une abstraction. Nous avons vu une nation de trente-deux millions d'hommes agir comme un seul homme, parfaitement unanime et libre. La philosophie, en plaçant dans le consentement actuel le fondement de la certitude, prépare l'harmonie de la raison individuelle avec l'autorité. Enfin, nous concevons déjà que la vie collective puisse prendre un plus large développement en même temps que la contrainte sociale perdre de son importance. Tout cela, c'est l'accord progressif de la liberté et de la sociabilité.

Ce serait donc avoir une notion bien étroite et bien fausse de la république, que de l'identifier avec la présidence temporaire et le suffrage universel. Ces institutions en font partie, mais ne la composent pas à elles seules. Tout ce qui est nécessaire pour constituer chaque homme comme une personne libre, une véritable individualité, en l'affranchissant des autres volontés individuelles et des traditions particulières, cela est de la république.

Sans la participation à la souveraineté par le suffrage individuel, le droit du citoyen, selon l'idée que nous en concevons, n'existerait pas : mais bien loin d'être à elle seule tout ce droit, elle ne servirait de rien pour le constituer, si elle était séparée des institutions qui donnent au citoyen une existence indépendante des autres individus, et, par conséquent, une volonté propre. Aussi serait-il absurde, selon nous, de voir dans la simple attribution à tous des droits politiques la panacée universelle. Quand il s'agira d'un levier révolutionnaire, nul doute que le plus puissant moyen de régénération ne se trouve dans l'appel aux assemblées primaires, pourvu qu'on le fasse au nom d'une idée préexistante à leur convocation, et capable de leur donner une impulsion initiale qu'elles ne trouveraient pas en elles-mêmes. Mais considéré comme institution permanente, destinée à réaliser progressivement la souveraineté du peuple, le suffrage universel n'aurait aucune valeur à cet effet, et ne nous ferait pas avancer d'un pas vers ce but, s'il ne se liait à d'autres réformes fondamentales; de même que celles-ci seraient illusoires et impossibles sans lui. Tant que les bourgeois posséderont exclusivement l'individualité, et que les prolétaires resteront à l'état de masses, n'ayant pas individuellement d'existence propre, recevant d'autrui la direction de leur activité, et par conséquent, gênés dans leur spontanéité, le suffrage universel courra grand risque de n'être qu'un leurre et une déception. Au lieu de produire une véritable pensée nationale, ne serait-il pas plutôt comme une loterie, ou comme une machine qui obéirait à de certaines impulsions, soit des chefs de parti, soit du gouvernement? Ne verrait-on pas se renouveler le scandale de ces ratifications toujours à peu près unanimes, qui n'ont manqué à aucune constitution? Ce serait fort à craindre. On n'appellera efficacement les prolétaires à la vie politique que si on les appelle, en même temps, à l'affranchissement à l'égard du despotisme individuel qu'ils subissent aujourd'hui. Pour cela, il faudra, à côté du suffrage universel, proclamer cet autre principe, que vivre en travaillant est un droit sacré dont nulle volonté individuelle ne doit pouvoir gêner l'exercice; ce qui n'est autre chose que la reconstitution de la propriété sur des bases plus larges et plus solides. C'est ici le lieu de montrer de quelle manière cette institution est une des bases fondamentales de la république.

L'institution de la propriété n'est évidemment point la cause finale de la société. Elle ne saurait donc être la règle suprême, le principe supérieur et fondamental auquel se rapporte un système de perfection sociale.

Lorsque l'on dit : la propriété est un droit naturel, ceci demande explication.

Le droit naturel, tel qu'il est compris par notre civilisation moderne, est cet affranchissement auquel l'homme est appelé par la nature, et que nous avons essayé plus haut de formuler : c'est la liberté. C'est parce qu'elle en est une condition essentielle, une des formes, pour ainsi dire, et seulement en tant qu'elle offre ce caractère, que la propriété est un droit naturel.

Le principe de l'idéal moderne, avons-nous dit, est l'affranchissement du joug des individualités. Il ne peut se concevoir qu'en supposant à l'homme des *moyens d'existence, indépendans du bon plaisir des autres individus* : or, c'est là précisément la propriété. Elle est donc nécessaire pour constituer la liberté, l'individualité, telle que nous l'avons définie.

De même que la liberté, et au même titre qu'elle, la propriété est donc le droit de tout homme. Ainsi, selon notre idéal de société, application rigoureuse du principe de liberté, il faut que, dans chaque condition sociale, l'homme trouve des moyens d'existence qui ne dépendent pas du bon plaisir des autres individus.

Cela existe déjà pour cette condition sociale, qui consiste dans la possession des biens, des capitaux, des valeurs composant ce que l'on appelle la fortune, et que l'économie politique désigne sous le nom de *matière ou instrumens du travail*. Ce sont des moyens d'existence que la volonté arbitraire d'aucun individu ni d'aucune classe d'individus ne saurait paralyser. Aussi le nom de propriété leur est-il aujourd'hui exclusivement réservé.

Il doit en être de même pour l'autre grande condition sociale, celle des travailleurs ; il faut que le travail, l'industrie personnelle, soit un moyen d'existence qui ne dépende pas du bon plaisir des riches, une valeur qui ait cours sans le visa de leur fantaisie, et que, pour vivre de son travail, on n'ait pas besoin d'attendre leur bénévole permission : c'est-à-dire que le travail doit être reconnu pour une propriété.

Mais cela ne peut être tant que le droit de propriété attaché à la possession des instrumens de travail sera réputé comprendre, avec le droit d'user, celui d'abuser, en prenant cette expression dans un certain sens que la suite va expliquer. En effet, le propriétaire de ces biens est, à nos yeux, maître d'en disposer comme bon lui semble, jusqu'à l'annulation et l'anéantissement même, sans encourir aucune espèce de reproche ou de blâme. Cependant que fait-il en pareil cas, si ce n'est de priver d'autres hommes de l'emploi de leur travail, pour eux unique moyen d'existence, et de mettre obstacle à l'exercice du droit de travailler, qui appartient à tous? Cette faculté arbitraire, que j'appelle ici le droit d'abuser, n'est nullement nécessaire pour compléter le droit de propriété; car, sans elle, le propriétaire n'en aurait pas moins des moyens d'existence indépendans du caprice d'autrui. C'en est, au contraire, une violation, puisque c'est une violation du droit de travailler, la plus sacrée et la plus imprescriptible des propriétés, selon l'expression de Turgot si connue et si vraie.

Que le propriétaire ne mette en œuvre qu'une faible portion de ses biens, il en sera quitte pour se contenter d'un moindre revenu, qui bien souvent peut lui suffire. Mais les travailleurs ne vivant que du salaire de la mise en œuvre, les voilà réduits à la misère, livrés à la faim. Sous ce rapport, la propriété actuelle est un droit de vie et de mort sur des millions d'hommes. Légitime comme moyen d'affranchissement et lorsqu'elle sert à constituer des individualités, elle est radicalement illégitime lorsqu'elle les détruit en faisant des travailleurs une gent taillable et corvéable à la merci des propriétaires.

Ceux-ci s'arment de ce droit sans contrôle et même sans devoir correspondant, pour forcer les prolétaires à se contenter du plus strict nécessaire et augmenter leurs propres revenus jusqu'à la dernière limite possible : mais c'est moins la misère des prolétaires que ce qu'il y a dans leur condition de précaire et de dépendant de la volonté arbitraire d'autrui, qui les dégrade et constitue le vice radical de notre ordre social.

L'existence chez les anciens de ce droit absolu, sans règle et sans contrôle, s'explique par leur superstitieuse croyance aux diverses natures d'hommes. Chez eux, comme on le peut reconnaître dans les origines du droit romain, le patrimoine était une institution religieuse, une chose consacrée, qui ne faisait qu'un avec les dieux du foyer, le complément de cette espèce de demi-divinité des patriciens d'abord, et ensuite des citoyens, qui seuls avaient qualité d'hommes, c'est-à-dire d'hommes libres. C'était donc un droit auquel, comme à celui des dieux, aucun devoir n'était attaché : il était licite d'en *abuser* dans toute la portée de ce mot ; et cela rend compréhensible, ce nous semble, comment le vieux Caton, faisant valoir ses biens à un énorme intérêt, était encore compétent pour censurer la république, et ne cessait d'être réputé l'homme le plus vertueux, le plus religieux de son temps. La bourgeoisie actuelle nous présente aussi des Catons, mais sans principes, sans superstition, partant sans vertu.

Ainsi, dans l'antiquité, cet abus de la propriété était une extension du droit de vie et de mort qui constituait l'esclavage. Le trouvant établi, le christianisme le légitima, l'attribuant à l'institution divine, prise pour source des inégalités sociales. Mais du moins, le patricien devait compte à la république, le seigneur devait compte à l'Église de l'usage qu'ils avaient fait de ce droit ; tandis qu'aujourd'hui le propriétaire en est investi, sans que ni es lois, ni la morale, ni l'opinion publique, lui imposent aucune obligation que son caprice, lui demandent aucune garantie que celle de son intérêt, qu'il peut entendre fort mal.

Ce n'est pas tout. Dans les civilisations antérieures, l'attribution de ce droit de vie et de mort se faisait, d'après une loi religieuse, à des races qu'on croyait et qui se croyaient elles-mêmes marquées d'un caractère de supériorité, désignées par le ciel pour cette fonction. Aujourd'hui c'est la main aveugle du hasard, c'est la cupidité, c'est la fraude, qui, dans la plupart des cas, donnent l'investiture de cette magistrature illimitée.

A moins donc de se rejeter dans le droit divin qui éternise tout ce qui est, la propriété ne peut plus être chez nous ce qu'elle était à Rome, parce que le principe de liberté dont elle est le corollaire s'est transformé et agrandi. Mais on a perdu de vue son origine rationnelle ; on s'est efforcé d'en faire un principe fondamental et primitif. De même que le polythéisme prenait des attributs de la divinité comme des êtres réels, de même on a détaché le principe de propriété de celui de liberté qui l'explique et le prouve, et on en a fait une idole, et on y a tout rapporté. Le libéralisme, sous la restauration, n'a pas fait autre chose. Il a combattu contre les royalistes d'alors pour que le vote électoral fût l'apanage exclusif du cens de 300 francs (1). Il avait raison, parce que la tendance de cette époque était la destruction des individualités, et qu'ainsi il fallait maintenir à tout prix celles qui étaient entièrement constituées. Mais il subordonnait ainsi la liberté à la propriété et faussait l'une et l'autre. La question est aujourd'hui de rentrer dans la véritable nature des choses, en subordonnant l'institution de la propriété au principe qui seul lui donne une sanction.

Ainsi seulement peut-elle se légitimer, c'est-à-dire se consolider. Il en est de même de l'héritage, qui est un corollaire de la propriété. On ne saurait lui trouver de base logique qu'en le

---

(1) Il est vraiment curieux de voir les efforts de Benjamin Constant en 1818 pour resserrer le monopole électoral, surtout quand on les rapproche des dispositions de la fameuse Chambre introuvable, qui, dans un projet de loi adopté par elle, appelait à l'électorat tous les citoyens payant 50 francs d'impôts directs. M. Corbière avait demandé l'abaissement du cens à 25 francs.

rattachant au principe de liberté, en montrant qu'il est une institution indispensable, quant à présent, pour l'établissement de l'individualité. Il est vrai qu'alors il cesse d'être un droit absolu, et doit se modifier suivant des nécessités d'un ordre supérieur ; mais, hors de là, voyez où vous allez. Après avoir posé comme naturels ou fondamentaux le droit de propriété et celui d'héritage, poussés par la force des choses, vous leur donnez un démenti terrible dans la loi sur l'expropriation et dans la taxe sur les successions (1). Ce premier pas fait, et l'autorité des principes prétendus absolus une fois détruite, vous arriveriez par des conséquences inévitables, dans la pratique comme dans la théorie, à la communauté des biens.

Le principe de liberté, appliqué rigoureusement, veut l'élévation du travail au rang de propriété. Il exige, par conséquent, qu'à la possession des instrumens de travail, et en retour des droits qui en résultent, soient attachés certains devoirs qui, sans altérer l'existence indépendante du propriétaire, empêchent l'*abus de la propriété*. A cette condition le travailleur sera affranchi ; car il ne dépendra plus du caprice d'aucune volonté individuelle de lui interdire de vivre en travaillant.

Au reste, ce serait fort mal comprendre ce système que d'y voir l'obligation imposée aux propriétaires de faire vivre les travailleurs, même quand leurs services seraient inutiles. Cette obligation était une conséquence nécessaire du système où ces derniers étaient à l'état de servitude. Ne devant pas être cause libre et déterminante de leur propre destinée, ils ne pouvaient en rester responsables.

Est-ce donc cette condition des serfs que nous revendiquons pour le travailleur ? Bien au contraire : puisque nous l'appelons

----

(1) Cette taxe a été augmentée considérablement en 1832 par une loi votée sur la proposition de M. d'Argout, qui fut alors, qu'il le sût ou non, l'agent de réalisation de certaines idées saint-simoniennes.

à devenir la cause spontanée de sa propre vie, à en prendre la direction, c'est afin qu'il en ait et le mérite et la responsabilité, sans quoi il ne posséderait pas la dignité d'homme. Que sa vie soit donc à la fois à sa volonté et à ses risques et périls ; qu'il supporte sa part des chances de la production en même temps qu'il aura sa quotité dans les avantages ; voilà la règle. Dans l'organisation actuelle, il n'est pas producteur, car ce n'est pas sa volonté qui conduit ses bras ou met en jeu son intelligence. Ce qu'il a créé, le but pour lequel il a créé, tout cela lui demeure totalement étranger. Il n'est qu'un instrument de production, qu'on entretient au moins de frais possible, qu'une stupide imprévoyance laisse souvent rouiller et détruire par la misère. Il a droit de devenir un véritable producteur, s'employant à sa propre affaire, produisant, non par ordre, mais parce qu'il croit devoir produire, et autant qu'il le veut ; de sorte que si la consommation des riches s'arrête, il lui soit permis de continuer à produire, du moins, ce qui est nécessaire à sa propre consommation. Toute cette réforme est dans ce peu de mots : *Que le salaire soit un intérêt dans la production.*

Si le travailleur serait matériellement plus heureux dans cette organisation, c'est une question secondaire. Le point capital, c'est qu'il y serait homme libre. Mais il se trouve que la solution de la question de droit ou politique contient celle de la question économique, soit sous le rapport de l'équitable répartition des richesses produites, soit sous le rapport de l'accroissement de la production. Comprenez et constituez le travail comme une propriété ; à l'instant les prolétaires et les propriétaires étant placés, les uns comme les autres, dans des conditions de liberté, l'exploitation d'une classe par une autre doit cesser, les priviléges attachés à la possession des capitaux, c'est-à-dire la disproportion du taux de l'intérêt avec le prix des salaires, doivent naturellement disparaître, et cela est de toute justice. En effet, que sont les capitaux ? Du travail accumulé. Pourquoi le travail accumulé serait-il rétribué plus cher que le travail dans le moment de son exécution?

De même, pour parvenir à établir des individualités nouvelles sans mutiler celles qui existent, c'est une nécessité d'accroître la masse de richesses incessamment créées. Or, ne l'espérez pas autrement qu'en y intéressant les prolétaires, en introduisant dans leur action le désir et la liberté. Toujours donc se présente la même solution; reconnaissez le travail et l'industrie personnelle pour ce qu'ils sont intrinsèquement, pour une propriété.

La forme la plus apparente sous laquelle ce principe ait encore tenté de pénétrer dans la réalité, et probablement aussi le plus puissant moyen d'exécution qui se puisse présenter, c'est l'association des travailleurs entre eux pour l'exploitation de leurs industries. Par ce fait, quand le développement de l'*individualité* chez les ouvriers permettra qu'il se produise définitivement, le travail en commun deviendra bien positivement une propriété, collective, il est vrai; ce sera un nouveau capital qui pourra être représenté par son signe et devenir objet d'échange. Ce serait un degré bien approchant de l'idéal que nous nous proposons. Il serait bien manifeste par cet exemple, le progrès double et harmonique de l'association et de l'individu.

Sans prétendre, dans cet article, faire la description complète de la cité future qui est proposée à nos désirs, nous nous sommes contentés d'indiquer comment du principe de la liberté moderne sortait une nouvelle et large institution de la propriété. Par cet exemple d'un seul des développemens du principe, il est assez évident que leur ensemble complet forme un système social satisfaisant à toute la nature humaine. Loin d'être une chimère, ce système a tous les caractères d'un idéal, c'est-à-dire d'un modèle de société parfaite, puisé parmi les conceptions de la raison suprême, d'une vérité. N'est-il pas, en effet, rationnel, juste, logique, parfait en lui-même, et rendant raison de soi? N'est-il pas confirmé et sanctionné à nos yeux par son accord avec la seule pensée religieuse que nous puissions concevoir après la pensée chrétienne, celle de la perfectibilité constante?

Cet accord est si intime, qu'en affirmant la doctrine politique républicaine, on affirme la doctrine philosophique moderne, et que l'une est incomplète sans l'autre.

Ainsi la doctrine du progrès rend seule raison de l'apparition dans la conscience humaine de l'idéal républicain. D'un autre côté, c'est seulement du point de vue républicain que cette doctrine acquiert une entière certitude. En effet, si vous prenez pour mesure du progrès, ou le bonheur de l'espèce, ou le rapport absolu de ses actes à la loi morale, ou encore l'état du monde dans son degré de perfection intrinsèque, des objections solides peuvent être faites contre sa continuité. On peut vous montrer des lacunes immenses, et cette chaîne rompue en cent endroits. Ainsi vous aurez bien prouvé le passage du monde d'un état à un autre, mais vous n'aurez pas montré en quoi est l'amélioration. Vous n'aurez donc pas donné une raison religieuse du mouvement, et au lieu d'une loi providentielle vous n'aurez saisi qu'une loi fatale. Mais, au contraire, admettez ce principe, que la perfection de l'humanité est en raison directe de la liberté avec laquelle elle agit, alors vous reconnaîtrez la supériorité de chaque siècle sur le précédent ; vous les verrez accroître incessamment la liberté, les uns en intensité, les autres en étendue ; les uns en dégageant un certain nombre d'individualités déjà constituées, les autres en préparant les masses à recevoir l'individualité. L'un de ces rôles est de l'antiquité, l'autre du christianisme.

Nous comprenons donc l'idéal auquel nous aspirons avec toute l'humanité nouvelle. Nos pères en ont essayé des définitions dans les déclarations des droits de l'homme, placées en tête de leurs constitutions, et lorsque nous y voyons écrit en première ligne : liberté, propriété, nous sommes en droit de revendiquer l'appui

de cette tradition si conforme à notre programme. Cet idéal a
été posé implicitement, dès que l'État n'a plus été réputé do-
maine du roi, mais chose publique. Nous pourrions n'inscrire sur
notre bannière que ce seul mot, qui exprime un principe incon-
testé : il contient dans ses conséquences rigoureuses la révolution
la plus radicale. Nous pourrions encore envelopper notre pensée
sous le symbole de la souveraineté du peuple, invincible foi de
l'immense majorité, et tout y serait encore. Mais ce ne sont là
que des noms abstraits de cet idéal. Il en a un autre, à la fois
abstrait et concret, philosophique et poétique, qui éveille des échos
dans toutes les âmes de quelque valeur, en même temps qu'il
s'adresse aux intelligences. Il résume en lui seul l'histoire entière
de nos origines, et condense, pour ainsi dire, tout ce que le passé
a dû de grandeur à la liberté. Il nous donne le droit de revendiquer comme notre légitime héritage, la gloire de cette lutte
terrible et encore récente, qui sera à jamais comme les temps
héroïques de la société future. On peut croire à la chose publique et à la souveraineté du peuple : mais on aime la république ; mais on meurt pour elle ; mais on y aspire avec ce désir
enthousiaste et passionné, qui seul donne à l'homme la puissance
de créer, ou plutôt de réaliser.

Ce n'est donc pas sans de graves raisons que nous tenons à
ce mot, quelque réprouvé qu'il soit par des préjugés absurdes
trop généralement répandus. Par lui nous exprimons qu'il y a
un rapport de descendance éloignée entre la société qui naît et
cette société de l'antiquité, si riche en civilisation, en héroïsme,
en poésie ; que c'est, en définitive, le même sang qui coule ou a
coulé dans les veines de toutes deux, seulement aujourd'hui plus
abondant et plus généreux. D'un autre côté, en reconnaissant
le principe de liberté pour souverain et fondamental, nous ne
sommes pas réduits, comme les apôtres exclusifs de l'égalité, à
nier la consanguinité de notre république avec les sociétés indi-
vidualistes ou bourgeoises qui, dans le moyen âge ou durant la

période de la réforme, se sont établies sous ce titre glorieux. Nous n'avons pas à leur reprocher de l'avoir usurpé, ni à répudier l'éclat qu'elles y ont ajouté. Elles sont des collatérales de la nôtre; car elles ont leurs racines comme elle dans le principe de liberté, quoiqu'elles aient poussé des tiges moins droites et moins hardies : famille vraiment illustre, la seule dont les titres de noblesse ne soient pas vains au XIX⁰ siècle.

La république, ainsi que tout vrai système social, peut être considérée de deux manières : c'est un idéal, et c'est une réalité.

En tant qu'idéal, elle se dessine à l'extrémité de la carrière ouverte devant nous, comme un édifice majestueux qui a plusieurs façades, dont l'une est l'ordre social; et c'est celle-ci que nous avons en vue. D'abord, au couchant de l'âge précédent, l'apercevant dans un horizon vaporeux, on pouvait le confondre avec ces palais fantastiques qu'offrent à l'imagination les nuages du soir. Mais désormais, du côté par où nous voulons l'aborder, le portique imposant nous apparaît dans toute sa grandeur, et ses principales colonnes se détachent peu à peu de l'ensemble, assez pour que nous ayons pu en définir et en nommer quelques unes.

Considérée comme réalité, la république est la tendance progressive vers cet idéal, le développement de la vie sociale en vue de lui. Une société, un gouvernement sont républicains dès qu'ils sont placés exclusivement dans cette tendance, de même qu'ils sont monarchiques lorsqu'ils gravitent vers l'idéal du droit divin. Lorsqu'ils se partagent entre ces deux tendances, ils ont droit à ce double titre, ou plutôt n'ont droit à aucun; c'est alors un alliage bâtard qui n'a pas de nom. Ainsi donc, pour qu'il y ait république, il n'est pas nécessaire que l'idéal républicain soit réalisé parfaitement (ce qui ne doit jamais être), mais seulement que l'activité sociale soit tournée vers lui sans partage, et la France aura passé le seuil de cette nouvelle existence politique le jour où ses institutions seront purgées de ce qui s'y

trouve encore d'élémens dont la tendance naturelle est le droit
divin. L'idéal est la colonne de feu qui nous guide ; ce n'est pas
en elle, mais sur ses traces que se trouve la terre promise.

§ III.

Rappelons maintenant ce qui a été établi dans la première
partie de ce travail.

La réalité, dans un sens général, c'est la vérité ou la perfection absolues s'incarnant progressivement dans l'univers infini :
la réalité, dans chaque sphère finie, c'est l'incarnation d'une
idée de perfection, d'une vérité finie ou relative. Or, la civilisation de chaque époque de l'humanité admet un principe, un
idéal de société, qui, pour cette civilisation, et relativement à
l'état de la nature humaine qu'elle suppose, est la vérité sociale.
Dans la sphère de cette civilisation, la réalité, c'est donc la réalisation successive de cette vérité, c'est la tendance vers cet idéal.

Dans notre siècle, deux civilisations, la chrétienne et la moderne, dont chacune a sa vérité politique, se partagent le monde
européen et américain. Il s'y opère donc deux développemens
simultanés de la vie sociale, auxquels président, pour l'un, le
principe d'autorité et l'idéal d'aristocratie ou de droit divin,
pour l'autre, le principe de liberté et l'idéal républicain. Voilà
les deux réalités sociales.

Que l'une doive s'anéantir devant l'autre, cela est certain, puisqu'elles se nient réciproquement, et que l'Europe, qui désormais
ne peut avoir qu'une croyance commune, doit, par conséquent,
finir par choisir entre elles. Laquelle doit survivre ? C'est
demander laquelle survivra, de la civilisation chrétienne, ou de
la civilisation philosophique. La dernière domine incontesta-
blement en France et balance sa rivale dans l'Europe entière.

Nous ne dirons pas que le protestantisme lui appartient; car, n'adoptant le principe de liberté que sous des restrictions ou des interprétations qui le dénaturent en partie, il reste flottant entre le christianisme et la philosophie. Mais, du moins, s'il n'est pas avec la dernière, il est encore moins avec les chrétiens. La civilisation moderne est plus fondée à le revendiquer, puisqu'il est la transition du moyen âge à elle, et qu'ayant quitté le point fixe du catholicisme, c'est à elle, en définitive, qu'il doit aboutir. Mais, après tout, quel que soit maintenant le nombre de ses croyans avoués, n'est-il pas évident que toute la puissance progressive de l'humanité est passée en elle avec les lumières et la foi active? Nous n'insisterons pas pour démontrer ce qui est assez généralement senti, que dans la conscience humaine le catholicisme cède chaque jour la place à la croyance du progrès, le principe d'autorité à celui de liberté, l'idéal aristocratique, qui va s'obscurcissant de plus en plus, à l'idéal républicain, qui devient toujours plus clair et plus lumineux. Eh! ne voyons-nous pas même les plus dignes apôtres du catholicisme et du droit divin réduits à faire, avec leur vieille foi, un mélange adultère des idées nouvelles!

C'est donc à cette tendance républicaine, qui est dès aujourd'hui un fait évident, palpable, vivant, et connu de tous sous le nom de *démocratie*, c'est à elle seule que restera l'avenir. A ce titre, on pourrait dire qu'elle seule, à proprement parler, est la réalité, et qu'elle est tout ce qui existe, même dans le temps présent. En effet, ce qui est, ce n'est pas ce qui est accompli, mais ce qui se fait; le temps où nous vivons n'est pas le moment qui s'écoule, déjà tombé dans le néant avant que nous l'ayons nommé, mais bien l'enchaînement prévu des instans qui vont suivre. Le présent n'est que le mouvement vers l'avenir; c'est l'avenir se créant. Eh bien! qu'y a-t-il dans l'avenir, si ce n'est la république? Que peut-il donc y avoir dans le présent, si ce n'est la république se créant? Et, en effet, n'est-il pas évident, pour tout observateur clairvoyant, que c'est la république qui se fait chaque jour?

Toutefois, puisque le système du droit divin offre un plan de société logique, parfait selon la civilisation chrétienne, et dont l'exécution ici-bas peut être l'objet de l'activité humaine; puisque cette œuvre n'est pas encore abandonnée dans une grande partie du monde civilisé, il faut reconnaître qu'il y a là une réalité, quoique ce soit une réalité en décadence et destinée à périr. Mais, du moins, elle est la seule qui subsiste concurremment avec la réalité moderne : hors de l'aristocratie qui tend au droit divin, et de la démocratie qui tend à la république, il n'y a que la chimère, l'impossible, le vide, il n'y a rien.

Qu'on ne croie pas qu'il y ait là une exclusion portée contre la bourgeoisie, et que nous entendions prononcer sur elle le mot de néant. La bourgeoisie, soit par les citoyens dont elle se compose, soit par les idées, les tendances, les intérêts qu'elle représente, nous paraît un élément indispensable de la réalisation de la république. En effet, celle-ci consiste à doter chaque homme de l'individualité, de la liberté, et, par conséquent, non pas à en priver ceux qui l'ont déjà, mais bien plutôt à les prendre pour modèle et à élever le reste des hommes à leur condition. Nous n'avons dit ni oligarchie, ni ochlocratie, mais démocratie. Or, la bourgeoisie n'est réellement qu'une face, un détail de la démocratie; elle ne doit pas prétendre à être autre chose, sous peine de tomber dans la chimère et le néant. Ne voyez-vous pas que ses idées, ses sentimens, ses croyances, portent la marque indélébile de leur origine démocratique? A cette source seulement elle puise sa force et ce qu'elle a de vie.

Mais en confirmant et même étendant l'individualité que possède la bourgeoisie, la république doit en retrancher le développement irrégulier et égoïste qui ne s'opère qu'aux dépens d'autres droits non moins sacrés. Elle ne peut porter atteinte aux existences déjà fondées; mais celles de ces existences qui ne se complètent qu'en absorbant ou pressurant d'autres existences plus pauvres et moins protégées, doivent être condamnées à retrouver dans l'association avec les prolétaires ce qu'elles ne tireront plus de leur oppression. Ainsi ce qu'il y a d'exclusif et d'usurpateur dans l'intérêt bourgeois, comme, par exemple, les priviléges de certains genres de propriétés, doit disparaître. Une classe d'hommes représente cette *excroissance* de l'intérêt bourgeois; ceux dont la fortune se compose précisément de ces abus, dont la *liberté* ne vit que de ce qu'elle dérobe à d'autres *libertés*. Ces loups-cerviers, comme on les a si justement qualifiés, sont maintenant les régulateurs absolus du commerce, de l'industrie, de la production, et par là arbitres de la vie sociale : toute leur politique est d'empêcher le peuple de s'abreuver à d'autres sources qu'à celles dont ils sont les dispensateurs intéressés et capricieux. Voilà l'oligarchie aujourd'hui maîtresse du gouvernement. A elle et à ses intérêts usurpateurs, guerre à mort. Néant par elle-même, elle ne devient une réalité que par son alliance avec les tendances rétrogrades.

Étrange méprise! La masse de la bourgeoisie ne participe pas à ces priviléges injustes, ajoutés au droit de propriété, qui composent le patrimoine de l'oligarchie; elle en souffre même. Et cependant elle croit l'existence de son intérêt légitime liée à la conservation de ce qui n'en est qu'une excroissance maladive. Elle soutient l'oligarchie, croyant n'en être elle-même qu'une dépendance, et n'avoir pas d'autre foyer de vie, comme si ce foyer n'était pas, au contraire, la démocratie. Elle imite ces laquais, qui, fiers de leur livrée, et se figurant être une portion intégrante de leur maître, méprisent et maltraitent les hommes du peuple, au lieu de se rendre libres avec eux.

Et cependant la majorité de la bourgeoisie participe à ces intérêts du travail qu'elle immole aux priviléges de la propriété. Par exemple, est-ce que la grande masse des industriels no gagnerait pas beaucoup à ce que les prolétaires exerçassent une influence directe sur l'accroissement de la consommation, et qu'ainsi elle ne dépendît plus seulement du caprice des riches? Est-ce qu'elle ne trouverait pas de grands avantages dans la réduction de l'intérêt des capitaux qu'elle est obligée de louer pour alimenter son commerce ou sa fabrication? Ne doit-elle pas désirer que le peuple, associé à ses chances de perte ou de gain, la sauve du retour périodique des crises commerciales? Ne serait-il pas de son intérêt que l'électorat ne fût plus le privilége exclusif du cens de deux cents francs? N'aimerait-elle pas mieux, au prix de la reconnaissance des droits de tous, s'affranchir de cette insupportable servitude d'une défensive continuelle? Il est impossible qu'elle ne sente enfin tout cela, et sa place est marquée dans l'œuvre de la démocratie.

Toutefois, il faut le dire, ce n'est pas le principal rôle qui lui est réservé. Nous douterions peut-être encore de cette incarnation du principe républicain, si nous ne connaissions une matière plus digne d'être animée par lui. Ce n'est pas sur la classe dont est sorti le mot : chacun chez soi, chacun pour soi, que nous devons compter pour produire cet ordre moral, vie réelle de l'humanité. Mais pénétrez dans les rangs populaires, vous y découvrirez, sous une surface rude et aride en apparence, une source intarissable de dévouement, de générosité, de vertu, même de génie. C'est encore la barbarie, mais aussi les ressources de la barbarie; c'est un sang plus vierge que le nôtre. Là seulement existe profonde cette vie de désir, mère du progrès; et cela doit être, car la cause de la vérité et de la justice est en même temps la cause privée des prolétaires. C'est à eux qu'est l'avenir, que seuls ils désirent véritablement, parce qu'ils souffrent et ont besoin. On pourrait appliquer au peuple ce que Bossuet dit de Jésus-Christ, qui fut lui-même la personnification des masses souffrantes : La conversion du monde, qui ne doit être l'ouvrage ni des philosophes, ni des prophètes, lui est réservée, et c'est le fruit de sa croix.

Puisqu'il est à la fois la matière et l'agent du progrès, c'est de son sein qu'il faut s'attendre à voir surgir, et les grandes pensées rénovatrices, et de grands hommes pour les représenter. A lui la candidature! Déjà si vous vous mettez en quête de ce qui existe d'âmes fortes et d'esprits puissans, vous verrez que c'est du vrai peuple qu'ils sont originaires. Il faut donc que la bourgeoisie se résigne au rôle secondaire dans l'œuvre de la démocratie. Ce rôle sera de maintenir et conserver ce qui est déjà créé; quant à la création de ce qui n'est pas encore, qu'elle s'en abstienne, ce n'est pas son partage.

Son rôle est encore assez beau. En s'y attachant, elle aura sa part de l'avenir, elle sera dans la réalité. Au contraire, si elle persiste à s'envelopper dans son égoïsme, et à se réduire aux proportions d'un *parti bourgeois*, qu'arrivera-t-il? Elle constituera, il est vrai, une partie intégrante du système actuel; elle en fera même la principale force, et pour ainsi dire, le *robur peditum*; mais, comme lui, elle se condamnera à rester en dehors de la réalité.

En effet, parce qu'il y a aujourd'hui deux principes et deux modèles de perfection sociale, il y a deux tendances opposées, l'une vers l'idéal de droit divin, l'autre vers l'idéal de liberté. Par conséquent, développement monarchique ou développement républicain, voilà les deux seules réalités de notre temps. Il faut que la vie de l'époque moderne s'accomplisse par l'un ou par l'autre. De nos jours elle s'est partagée entre eux, et ce partage dure encore : de là l'anarchie profonde de notre société.

Le système actuel de gouvernement consiste dans la prétention de faire vivre l'humanité en dehors de ces deux tendances. Mais, pour cela, il faudrait d'abord lui offrir un autre mode de développement complet pour la vie qu'elle porte en elle et qui doit nécessairement s'accomplir; or, ce développement ne peut évidemment se produire complet que par la réalisation progressive d'un système social complet lui-même ou parfait : si donc l'on prétend lui ouvrir une carrière distincte des deux autres, que l'on montre au bout l'image d'une société parfaite; qu'on propose un principe, un idéal rationnel et non pas chimérique, qui ne soit ni le droit divin ni la république. A défaut de remplir cette condition impossible, tout ce qu'on peut faire, c'est de pousser l'humanité, tantôt dans l'une de ces tendances, tantôt dans l'autre, afin qu'elle reste partagée entre elles. Développer les deux réalités contraires, de manière à ce qu'elles se fassent équilibre, c'est à quoi se réduit la pratique de ce système, et le juste-milieu n'est en définitive qu'une bascule. Mais prolonger cet équilibre en augmentant tour à tour les forces des deux réalités ennemies, c'est vouloir aboutir à rendre plus violente la lutte qui doit enfin inévitablement le terminer.

On croit se soustraire à l'entraînement de l'une et de l'autre tendance, en s'accrochant aux faits actuels, et, pour ainsi dire, en y amarrant l'humanité. Mais (tout ce que nous avons dit l'établit assez évidemment) si ces faits existent, c'est qu'ils appartiennent eux-mêmes, soit à la tendance vers le régime du droit divin, soit à la tendance républicaine. Prenons le fait le plus général, celui qui comprend tous les autres : c'est la souveraineté de la bourgeoisie, souveraineté fondée sur cette institution actuelle de la propriété, qui attribue aux propriétaires un droit, absolu et sans règle, de vie et de mort sur les masses. Il est évident qu'un ordre de choses qui met ainsi le plus grand nombre des citoyens à la merci d'autres *volontés individuelles*, ne peut durer et se lier à l'avenir, à moins que le monde, redevenant catholique, ne croie de nouveau à l'inégalité providentielle, au droit divin des puissans, et ne recommence à se mouvoir vers l'idéal du moyen âge. Ainsi ce fait n'existe qu'autant qu'il appartient à la tendance rétrograde; par conséquent, lorsqu'on s'attache à lui, on se jette dans cette tendance au lieu de s'en tenir à l'écart.

Telle est, en effet, la condition de cet ordre de choses qu'on peut appeler le régime bourgeois, que, s'il se rattache au droit divin, il en sera absorbé, et que s'il ne le fait pas, il restera dénué de tout principe où il puisse se fonder, et par conséquent, sans racine dans la nature des choses; car le juste-milieu, dont il veut faire son idéal, consistant uniquement dans un rapport de simultanéité entre deux réalités contraires, n'est pas un système positif correspondant à une réalité, mais une abstraction, une négation, une chimère.

Que l'humanité ne doive pas se prendre à un tel système, si l'on peut appeler de ce nom une absurdité bien digne de figurer à côté de la fiction constitutionnelle, il nous suffirait, pour en être convaincus, de cette seule considération, qu'il n'offre ni aliment, ni cadre, soit au sentiment moral, soit à la poésie. La vie de l'humanité, dans chaque époque, est une et ne peut se mutiler; elle n'a pas seulement un développement matériel, mais encore un développement moral et un développement, soit, par la philosophie, de la raison; soit de l'imagination, par la poésie. On ne saurait lui concevoir de carrière à fournir, qu'autant qu'il s'y trouverait place pour tous ces développemens.

Il n'est pas de civilisation qui puisse se passer de la poésie. Dans le passé, il n'y a pas d'exemple d'une seule, digne de ce nom, qui ne l'ait admise et nourrie, quoique toutes n'aient pas produit l'essor de l'art; car l'art est une manifestation déterminée de la poésie, qui dépend du développement dans une certaine mesure des *individualité* : mais lorsque ces individualités manquent, la poésie, sans prendre la forme de l'art, n'en subsiste et n'en vit pas moins d'une manière latente, se révélant de toutes parts dans les symboles religieux.

Ainsi, le moyen âge, véritable époque de la civilisation chrétienne, n'a point vu l'art déployer des richesses très variées, quoique son essor ait été parfois si hardi. Cela tient précisément à ce que l'individualité humaine y était dans l'ombre; mais si la manifestation formelle a beaucoup manqué alors à la poésie, il faut être aveugle pour nier que sous le voile des symboles, des légendes, du culte et de l'enthousiasme, elle n'ait inondé le monde, comme un lac débordé dont les eaux filtrent de toutes parts dans les campagnes. De nos jours encore tous les poètes, sauf un ou deux qui se sont inspirés de la démocratie, ont-ils cherché des alimens pour leur génie autre part que dans un effort de leur imagination pour raviver en eux et dans les autres la foi catholique?

La poésie ne peut manquer non plus à la civilisation républicaine. N'a-t-elle pas, pour nourrir l'enthousiasme, un idéal, et le plus grandiose, et le plus enivrant qu'on ait jamais rêvé? D'ailleurs, en fait, ne sentez-vous pas au cœur de l'humanité nouvelle ce besoin impérieux des émotions religieuses et d'une vie pour l'âme? Notre époque aura sa poésie, parce qu'elle la désire, et que ce désir, même dans sa souffrante impuissance, est déjà une poésie. Elle l'aura; car jamais idée si majestueusement harmonieuse n'a été conçue du monde et de Dieu que celle qui commence à lui apparaître, et qui lui ouvre les portes d'un ciel plus sublime. La poésie! on sent déjà son germe poindre dans cette philosophie si hardie, si transcendante, si religieuse, qui lève la tête partout autour de nous. L'art, forme de la poésie, ne fera pas défaut lui-même; car ce qu'il faut à l'art, c'est l'individualité, et le principe de notre civilisation est précisément l'individualité.

Mais, je le demande, conçoit-on qu'en partant du système bourgeois, on arrive jamais à des états de civilisation où la poésie déploie ses ailes, où l'âme puisse respirer dans un ordre moral dont l'ordre matériel ne peut être que le reflet? Quelle autre chose pourrait y régner que le calcul, l'intérêt, l'égoïsme, et dès lors où seraient les sources de l'enthousiasme, de la poésie, de la religion? Les partisans de ce faux avenir l'avouent eux-mêmes; mais ils font bon marché de la poésie, de l'imagination, de l'âme; ils s'imaginent que l'humanité se passera comme eux de philosophie et de poésie ; qu'elle vivra après avoir été mutilée de sa raison , de son imagination , de sa sympathie.

Ce qui les distingue essentiellement à la fois des hommes du passé et de ceux de l'avenir, c'est qu'ils ne désirent ni ne regrettent un ordre moral. C'est un besoin dont ils sont sevrés , un sens qui leur manque (1).

---

(1) Quelle société fut jamais aussi destituée d'enthousiasme que ce monde bourgeois dans l'étroite sphère duquel on voudrait confiner la vie humaine. Les imaginations puissantes, les âmes élevées y étouffent, faute d'air respirable, et se débattent convulsivement au point de se défigurer et de se faire méconnaître. Voyez tous ces artistes qui sont restés dans cette enceinte, n'osant se jeter dans le sein plus fécond de la démocratie; ils ne trouvent à s'inspirer que de leur orgueil. Comme ils ne conçoivent aucun idéal , leur société n'en ayant pas, quelque tableau qu'ils pensent tracer, ils ne peignent qu'eux-mêmes; soit que dans une vaniteuse exaltation ils figurent en idoles leurs fantaisies, soit que, nés pour un monde meilleur, ils soupirent dans une plainte éternelle d'inutiles regrets ou des désirs inconnus. Voyez sous l'influence de cette école de démoralisation où l'on travaille à nous former des mœurs pétries à la fois de corruption aristocratique et d'égoïsme boutiquier, voyez tant de talens distingués , tant de hautes et brillantes intelligences, tant d'âmes riches de poésie et d'avenir, cédant à un découragement précoce ou à des séductions dorées, prêter l'oreille à une voix qui leur dit : « Il n'est » pas temps d'appeler du haut des minarets; dormez en paix, le » jour est loin; dormez dans la commode litière qui vous est offerte, car » notre caravane traverse maintenant des solitudes où règne la nuit, et » où rien n'est à faire que de respirer voluptueusement le repos et l'oubli » dans la molle tiédeur des airs. » Mais ce qu'on ne leur dit pas, c'est que cette atmosphère si douce est pesante et perfide, comme celle de ces contrées maudites où le voyageur doit lutter sans cesse contre la langueur qui s'insinue dans ses membres, parce que le sommeil, c'est l'engourdissement, c'est la mort. Oui, ce sommeil auquel on les invite, c'est l'engourdissement du talent, c'est la mort de l'enthousiasme et du génie ; demandez à tous ceux qui s'y sont livrés !

Mais parce qu'ils sacrifient l'ensemble à un détail, ils ne perfectionneront pas ce détail; parce qu'ils n'admettent qu'une partie de la nature humaine, ils ne pourront développer cette partie; parce qu'ils ne cherchent pas un ordre moral, ils seront impuissans à trouver même un ordre matériel. Ils ne tentent seulement pas d'alléger la condition des masses réduites à l'extrémité, de maîtriser l'anarchie des intérêts, de faire cesser le scandale et le danger de la misère et de la faim à côté d'une production déréglée dans son essor. Les maux de la concurrence, les catastrophes périodiques des crises industrielles, sont des problèmes éternellement insolubles pour eux. Ils ne savent ni augmenter utilement la production, ni corriger les faux besoins et les appétits parasites qui absorbent le bonheur du plus grand nombre pour produire l'ennui de quelques uns. Alors ils sont réduits à nier ou refouler les vrais besoins, même les plus nécessiteux, même les plus légitimes : il leur faut arrêter le développement humain ou périr.

Leur impuissance vient de ce qu'ils sont dans le faux et l'absurde, parce qu'ils n'ont pas d'idéal.

Aussi voyons-nous que, n'admettant pas d'avenir, le présent même ne peut être à eux. La vie sociale s'accomplit sans leur participation. Ils ne sont pour rien dans *ce qui se fait*; mais nous leur devons tout ce qui ne se fait pas; car leur œuvre, c'est l'inertie, comme leur moyen, c'est la *résistance* à l'activité nationale. Il le faut bien : ne sachant aucun but à atteindre, ni aucun plan à exécuter, ils ne gouvernent qu'autant qu'il n'y a rien à diriger, c'est-à-dire que rien ne marche et que rien ne se fait.

De quels élémens s'est formé le gouvernement qui préside ainsi nominalement aux destinées de la France? Quelle est la fonction échue au parti bourgeois dans cette résistance au progrès, et pour laquelle il a répudié sa part dans l'enfantement de la république? C'est ce qu'il peut être intéressant d'examiner.

On peut concevoir les deux réalités actuelles comme deux sphères d'attraction, celle de la monarchie et celle de la démocratie. Le parti bourgeois, qui se trouve sur la limite extrême de la dernière, voudrait ne se laisser entraîner ni dans l'une ni dans l'autre. Il a lui-même inventé l'expression aujourd'hui consacrée pour désigner la situation à laquelle il aspire. C'est le juste-milieu entre les deux principes et, par conséquent, entre les deux réalités possibles.

Cependant il reste, en effet, à peu près immobile. Ceci ne peut se comprendre sans quelques explications. Au fond, ce parti bourgeois n'est que de la démocratie ou de la tendance républicaine, tronquée dans son développement et arrêtée dans sa progression. Il est voltairien; il admet la souveraineté du peuple; il prend son point de départ dans la révolution, sous la restriction mentale de ne jamais quitter le point de départ; il a dit le fameux *quoique Bourbon*; il veut la suprématie des majorités parlementaires; enfin il ne craint pas trop le nom de la démocratie, et il en serait s'il avait assez d'intelligence ou de cœur pour être conséquent. Ainsi fait, il est évidemment soumis à l'attraction démocratique, et s'il était livré à lui-même, il irait rapidement se perdre dans la république, tout en prétendant ne pas bouger; car il est si borné qu'il se croit un point fixe, tandis qu'une impulsion à lui inconnue l'emporte avec son petit monde à travers l'espace : ce sont des gens toujours persuadés de l'immobilité de la terre.

Heureusement pour ce parti que la nécessité des circonstances lui a fait s'adjoindre un autre élément politique, avec lequel il n'a d'ailleurs aucun rapport essentiel de nature, et, au contraire, une incompatibilité secrète. Dans cet élément entrent, comme ingrédiens nécessaires, les traditions du machiavélisme impérial et les influences de l'agiotage; mais ce qui y domine, c'est cette école politique appelée doctrinaire, et que nous définirons plus loin. L'ensemble est résumé par la royauté; c'est donc un parti monarchique, par conséquent placé dans la sphère d'attraction de la monarchie, et attiré vers l'idéal du droit divin qui en est le centre, bien qu'il se tienne encore à la circonférence.

Ces deux élémens étant ainsi emportés dans des sens opposés par des impulsions qui, jusqu'à présent, se sont trouvées assez égales, leur réunion produit un état d'équilibre, avec une tension violente, douloureuse et effrayante pour l'avenir.

Cette position est étrange. Il y a deux points fixes, la monarchie et la république, où l'on pourrait attacher cette chaîne d'or qui, dans Homère, suspend le monde au bras de Jupiter. Le parti bourgeois ne veut ni de l'un ni de l'autre : il aime mieux l'équilibre savant dont nous venons de parler. Mais il arrive que si quelques pierres de l'édifice tombent d'un côté, on est obligé d'en sacrifier autant de l'autre ; à chaque voie d'eau de la monarchie, il faut, pour éviter le naufrage, jeter à la mer une liberté.

Le parti monarchique est plus habile et plus sûr de lui-même. Il se connaît, du moins, et sait quelle impulsion le ramène à la monarchie pure. Mais, quoiqu'il ne se soucie pas qu'elle soit trop rapide, il ne s'en effraie pas. Il pense même trouver sa véritable force dans ce progrès et voudrait bien y entraîner le parti bourgeois. Celui-ci a l'absurde prétention de résister à l'impulsion qui entraîne la société sans lui opposer une impulsion contraire, au lieu que son rival sait bien qu'il n'est pas possible de faire de la résistance sans se jeter dans la réaction. Leur différence fondamentale est dans ce peu de mots. Le parti de la réaction, jugeant toute l'impuissance de la politique opposée, a flétri les coryphées du tiers-parti du nom d'eunuques politiques ; injure bien méritée, mais qu'il est doublement honteux d'avoir méritée de la part des doctrinaires, impuissans eux-mêmes, non pour détruire, mais pour créer.

Pour bien apprécier la nature respective de ces deux élémens du système actuel, il faut suivre leur formation pendant le cours de la révolution française, et voir le rôle qu'ils y ont joué ; car, à défaut de cette connaissance préliminaire, on ressemble à des gens qui assisteraient à la fin d'un drame sans avoir entendu l'exposition. Dans la carrière si misérablement fournie par le parti bourgeois, nous reconnaîtrons les dignes antécédens de son existence actuelle.

La révolution le trouva déjà constitué sous le nom de tiers-état. Le tiers-état crut d'abord, et tout le monde crut avec lui, qu'il était le peuple tout entier, parce qu'il était la seule partie du peuple qui eût un nom et une existence propre. Les masses prolétaires ne lui semblaient que ses dépendances nécessaires : elles-mêmes le comprenaient ainsi. Toute la politique de l'époque fut inspirée par ce préjugé instinctif, que dans le grand corps de la démocratie les bourgeois formaient les organes vitaux, tandis que les prolétaires n'étaient que les membres. Il s'ensuivait cette conséquence, qu'il fallait s'occuper seulement des premiers, et que du bien qui leur arriverait, les autres tireraient secondairement leur profit. Bien convaincu que les choses ne pouvaient jamais être autrement, le tiers proclama donc hardiment la démocratie, sans se douter qu'il fût question d'autre chose que de lui. Alors apparut aux regards de tous cet idéal de liberté, dont la première expression positive fut la Déclaration des droits de l'homme : alors la foi en cet idéal fut fondée ; car le sentiment indestructible, mais individuel, qu'on en avait, fut élevé à la certitude par le consentement formel d'une grande nation.

Mais bientôt on reconnut que le principe démocratique contenait la transformation de ce qu'on appelait du nom général de tiers-état ; dès lors le tiers-état proprement dit, tel qu'il était déjà organisé, se posa à part des prolétaires et forma le parti bourgeois. Depuis ce moment, nous avons à le suivre dans une carrière non interrompue de fautes et de misères, où nous le verrons toujours se butant à l'impossible, par excès d'impuissance.

Le voyage de Varennes était, en fait, la déchéance irréparable du roi. Au lieu de la ratifier, le parti bourgeois relève le trône, rendant ainsi nécessaires le 10 août et le 21 janvier. A son moment le plus honorable, lorsqu'il était représenté par les Girondins, il ne sait ni agir, ni combattre, et remet en question, par un fédéralisme dont peut-être il n'avait pas conscience, la *patrie* que la Constituante avait créée. Enfin il place manifestement l'État sur le penchant de sa ruine, et force ainsi le principe populaire à se résumer despotiquement dans la dictature du comité de salut public.

Cependant la révolution, voulant réaliser tout d'un coup l'égalité dans une organisation définitive, c'est-à-dire imitant la théocratie, avait perdu de vue le principe supérieur de liberté. En luttant contre de formidables résistances, la France s'était écartée des véritables voies du progrès, comme un fleuve arrêté par de hautes digues sortirait de son lit. Ainsi fourvoyée dans une route sans issue, ne pouvant plus avancer au milieu du sang et des cadavres dont elle était encombrée, il lui fallut rétrograder pour retrouver le vrai chemin au point où elle l'avait quitté. Tel fut le sens de la journée du 9 thermidor.

A partir de cet évènement, il faut, pour suivre la marche du drame, changer de point de vue. Une réflexion bien simple en fait sentir la nécessité. L'état de la conscience humaine ou l'opinion publique doit souvent se déterminer, moins d'après l'idée qui a le plus grand nombre de partisans, que d'après celle qui possède les plus fermes croyans, les sectateurs les plus intelligens, les plus actifs.

Or, après Thermidor, les masses restèrent fidèles à l'idéal républicain; mais lasses de la carrière convulsive qu'elles avaient fournies, et d'ailleurs ayant plutôt un sentiment profond qu'une conviction intelligente, leur foi s'attiédit, et elles tombèrent dans un sommeil qui dura trente-cinq ans, agitée, pendant un temps, de rêves de gloire. La force morale revint aux classes supérieures, et c'est par leur pensée qu'on doit, du 9 thermidor aux journées de juillet, déterminer l'état de l'opinion publique. Cela posé, il est de fait qu'après la Terreur, l'idéal républicain, le principe révolutionnaire, alla s'effaçant dans les esprits devant l'empire toujours croissant de l'idéal ancien ou du principe contre-révolutionnaire. Il en résulta nécessairement un mouvement de réaction vers la monarchie et le catholicisme, qui ne pouvait sans doute aller jusqu'au bout, mais devait cependant entraîner la France bien loin ; et l'on peut dire que dès-lors la restauration était irrévocablement décidée. Dans ces circonstances se représenta naturellement le parti bourgeois, toujours à mi-chemin de la monarchie à la république ou de la république à la monarchie. Il parut dans ses conditions d'existence les moins fausses, sous sa forme la plus naturelle. S'il y avait en lui quelque virtualité, c'était alors ou jamais qu'elle aurait dû se manifester. Eh ! bien, on le vit assis au point de départ de la république, mais refusant de marcher en avant ; reconnaissant l'idéal nouveau, mais le défigurant dans la théorie, mais l'annulant dans la pratique ; réalisant l'apothéose de l'égoïsme et de l'immoralité ; radotant le matérialisme ; ne sentant ni besoin, ni désir d'un ordre moral à côté de l'organisation matérielle ; anéantissant tout enthousiasme, toute idée, tout sentiment religieux, et livrant peu à peu la révolution ainsi délabrée à ses ennemis. Que des historiens, ministres prédestinés de ce parti bourgeois, aient exalté la gloire du gouvernement directorial, cela devait être ; mais que dire lorsque l'on voit des hommes, sentant l'avenir et la république, tomber dans la même erreur ? Les triomphes des premiers temps du Directoire, dont on voudrait lui faire honneur, ne sont dus qu'à l'impulsion donnée précédemment par la Montagne et à l'esprit républicain conservé pur dans les armées. De même que les défaites de l'année 1795 doivent être imputées uniquement à l'influence désastreuse exercée par les Girondins jusqu'au 31 mai, et non à la Montagne qui n'avait pas encore eu le temps de réparer le mal, de même les victoires de Jourdan, de Pichegru et de Moreau, celles de l'armée d'Italie, doivent être rapportées à l'influence antérieure au 9 thermidor. Quant à la paix, qui la fit, sinon le négociateur armé de Campo-Formio ? Ce qui appartient au gouvernement du parti bourgeois, c'est d'avoir paralysé, autant qu'il était en lui, cet élan victorieux, et enfin d'en avoir effacé les résultats ; c'est d'avoir laissé Bonaparte à ses propres forces, et organisé les plans de campagne qui retardèrent de dix ans l'apparition du drapeau français sur les murs de Vienne ; c'est d'avoir envoyé se perdre en Égypte, avec le héros de la République, sa meilleure armée, sans aucune grande vue de civilisation de sa part, mais par un calcul misérable et odieux ; c'est, tout en attirant par sa vanité et son absurde diplomatie une terrible guerre sur la France, d'avoir fait un si détestable emploi de ses ressources et si stupidement disposé ses armées, qu'il en résulta la perte des plus belles conquêtes, une série de sanglantes défaites, la destruction de deux cent mille hommes, les soldats les plus dévoués du monde, l'humiliation de nos armes et l'ennemi vainqueur sur nos frontières désarmées ; c'est, en un mot, d'avoir en cinq ans si bien usé la vie de la révolution, qu'elle se trouvait abandonnée sans défense à la réaction monarchico-catholique tant au-dedans qu'au dehors, lorsque Bonaparte, reparaissant tout à coup, mit sous ses pieds cette faction bourgeoise, et la renvoya de la scène politique.

Dans ce qui suivit, si quelqu'un peut revendiquer des antécédens, c'est tout au plus le parti monarchique.

Il y affiche quelques prétentions, et des apologistes maladroits ont voulu établir un parallèle entre la dictature impériale et la monarchie quasi-légitime. Elles ont, en effet, quelques rapports de position qu'il est utile de bien déterminer.

Quant à leur grandeur dans l'histoire, qui oserait les comparer ? De la royauté du 7 août à l'Empereur, il y a la même distance que du principe bourgeois au principe républicain, du Directoire à la Convention, de l'égoïsme boutiquier à la magnanimité populaire.

Quel nom a-t-on trouvé pour caractériser le chef de cette dynastie? celui de roi citoyen, qui s'est trouvé bientôt ne signifier que roi bourgeois. Napoléon disait lui-même qu'il était l'homme du peuple, *le peuple empereur*. Le roi bourgeois et l'Empereur diffèrent précisément comme les sources dont ils émanent.

C'est une chose bien remarquable que le sentiment républicain se fût conservé dans les armées plus pur et plus intact, quoique moins développé que partout ailleurs. Tandis qu'à l'intérieur le parti bourgeois, tout-à-fait dominant, cédait lâchement le terrain à la contre-révolution envahissante, la démocratie, toute vivante sous les drapeaux, s'indignait de se voir dérober le prix de tant de combats. L'illustre général de l'armée la plus jacobine, Bonaparte, fut la plus haute expression de ce sentiment. Déjà en vendémiaire il avait refoulé la réaction monarchique et catholique. Au 18 fructidor, ce fut lui qui la repoussa encore par l'effet d'une simple menace. Au 18 brumaire, tout en sauvant la France de la réaction à laquelle la lâcheté et l'inintelligence du parti bourgeois la livraient, Bonaparte, voyant cette réaction croître en force et prévaloir pour quelque temps, voulut la confisquer à son profit. Pour cela il fallait l'arrêter, et en quelque sorte la pétrifier, à un moment donné. Elle était dans les coalitions européennes, et Napoléon fut dans la nécessité de les vaincre sans cesse; elle était plus dangereuse encore dans le mouvement des esprits, et Napoléon dut chercher à l'étouffer. L'esprit humain ne s'immobilise pas : il recule quelquefois jusqu'à un certain point, mais il marche toujours. En vain, pour distraire la France du passé ou de l'avenir, le héros lui créait un présent agité et gigantesque. Le cercle fatal était celui-ci : Si le monde revenait, en effet, vers la légitimité monarchique, c'est qu'il avait repris foi dans cet idéal; et comme l'œuvre suit la foi, ce retour devait inévitablement s'effectuer, à moins que l'Empereur, proclamant de nouveau sans restriction le pur idéal républicain, n'en rendît à la nation la croyance et l'intelligence : mais c'eût été se condamner à une abdication progressive.

Au lieu donc de faire de la réaction contre la réaction, il eut l'orgueil de lui opposer une résistance suffisante par son propre poids. Se plaçant dans la sphère d'attraction de la monarchie, et, par conséquent, emporté vers l'écueil du droit divin, il crut se retenir à la révolution en reconnaissant la souveraineté du peuple, à condition qu'il la résumerait en lui. Quoi qu'il fît, n'ayant pas voulu chercher son appui dans le principe républicain, il dut succomber devant la réaction monarchique et catholique. Mais il fut la digue qui la ralentit à l'intérieur, le champion qui la combattit sur tant de glorieux champs de bataille : c'est à ce titre qu'il a été et restera populaire.

C'était cependant un système de juste-milieu que le sien. Pourquoi donc le juste-milieu de Louis-Philippe vaut-il à son gouvernement une renommée si différente? C'est qu'au lieu d'intervenir dans une réaction monarchique, il se produit au milieu d'un mouvement républicain. Il n'est donc pas, comme l'autre, un combat contre la tendance rétrograde appuyée des armes de l'Europe entière ; mais, au contraire, une résistance au progrès, traîtreusement pactisée avec le monde monarchique.

La seule chose qu'il y ait de commun entre l'Empire et la quasi-légitimité, c'est le vice fondamental de cette situation intermédiaire qui est l'équilibre entre deux abîmes. Le génie et la gloire n'ont pu s'y maintenir : l'intrigue et la bassesse le feront-elles mieux?

Toutefois il y a encore quelque vérité dans le parallèle, quant aux moyens d'exécution, aux expédiens, aux manœuvres secondaires, quant à la méthode de déception. Pour bien comprendre ceci, il faut s'élever à une idée nette et complète du caractère, des origines et de l'histoire de la monarchie actuelle, et non se contenter de notions semées éparses et décousues, dans les salons, et trop souvent aussi dans une partie des feuilles quotidiennes.

Dans la controverse de trois ans que trancha l'insurrection de juillet, le parti bourgeois posa la question entre le principe démocratique ou la souveraineté du peuple, et le principe monarchique ou le droit divin. Il ne le pouvait faire autrement, car il n'a ni puissance, ni existence réelle, qu'en se reconnaissant pour être de la démocratie. Mais il ne comprit pas la portée de cet acte. Comme, par l'effet d'une hallucination plus forte qu'elle ne l'avait été en 89, il croyait fermement constituer à lui seul toute la démocratie, le peuple n'en étant qu'une dépendance accessoire, la question ainsi posée lui parut l'être réellement entre le parti-prêtre et absolutiste, d'une part, et lui, parti bourgeois, de l'autre. Cette erreur pouvait se concevoir alors, parce qu'en effet, le peuple ayant disparu complètement de la scène politique depuis 1795, la génération actuelle ne le connaissait pas, nul ne savait ce qu'il était. Le fait capital des trois journées, c'est la réapparition inattendue et éclatante du peuple, se révélant de nouveau comme une portion intégrante de la démocratie, de la réalité, et la plus importante, et la plus magnanime, et virtuellement la plus intelligente. Depuis ce moment la mauvaise foi ou un aveuglement stupide peuvent seules nier que les conditions du problème politique ne soient changées.

La souveraineté du peuple était reconnue en principe, et avait existé de fait pendant trois jours. Qu'était-ce autre chose que la proclamation officielle de l'idéal républicain, et la foi à cet idéal établie solidement dans les esprits par la sanction d'un *consentement* national et formel ? La France se retrouvait donc dans la sphère d'attraction de la république, et le parti bourgeois ne pouvait éviter d'y courir lui-même, c'est-à-dire de se dissoudre dans la démocratie, sinon en s'adjoignant, comme nous l'avons dit, un élément monarchique.

Là était la difficulté. Le parti bourgeois pouvait bien édifier matériellement une royauté héréditaire et inviolable, mais non lui donner la vie. Le seul élément de construction qu'il possédât était le principe électif, lequel entraîne logiquement la responsabilité : ce principe, formant l'unique base de l'institution héréditaire, devait nécessairement la dévorer dans un temps donné. Stupide comme il est, et ignorant de la valeur politique des idées, le parti s'imaginait qu'il aurait tout fait quand il y aurait un trône et un sceptre. D'autres voyaient plus loin, et pourvurent, sans son aveu, au danger qui le menaçait.

La coterie doctrinaire, considérée sous son aspect le plus large, depuis MM. Royer-Collard, Decazes et Talleyrand, jusqu'à MM. de Broglie, Guizot et Thiers, a toujours présenté un nombre infini de nuances, parfois extrêmement tranchées, non seulement entre les individus qui la composent, mais entre les diverses phases de la vie de chacun d'eux. Elle a cependant son unité qui peut se définir ainsi. Les doctrinaires sont les hommes qui, ayant un parti pris avant toute conviction, de s'établir à mi-chemin entre la république et la monarchie, au besoin plus près de celle-ci, étaient cependant assez intelligens pour comprendre la puissance des idées, et savaient bien l'irrésistible entraînement qui devait résulter de l'adoption ou du principe républicain ou du principe catholique. De là toute leur conduite et tout leur caractère. Force leur était de créer de prétendus principes pour ce qui n'en avait pas un véritable, et une fausse science pour jouer le rôle des idées. Ainsi sont nés les systèmes de la souveraineté de la raison, de la légitimité de M. Royer-Collard, qui n'est qu'un quasi-droit-divin, et de la quasi-légitimité inventée par M. Guizot. Ils ne sont tous que des lambeaux de vérités tronquées et faussées jusqu'au sophisme. Aussi n'avaient-ils aux yeux de leurs auteurs, d'autre mérite que de leur permettre de nier logiquement à la fois le droit divin et le droit populaire, et de rejeter la tradition catholique et la tradition révolutionnaire. De ce qu'ils faisaient ainsi des doctrines, ce qui prouve qu'ils n'en avaient pas, leur est venu le nom de doctrinaires. Un tel rôle suppose comme première condition la sécheresse d'âme. C'est par là qu'ils ont mérité de s'élever au premier rang dans cette guerre de chicanes où le libéralisme luttait de mesquinerie et de mauvaise foi avec le cagotisme jésuitique. Telle est encore la cause de leurs succès présens, et aussi de leur faiblesse radicale, de leur impuissance à faire du véritable gouvernement, c'est-à-dire à prévoir et diriger : car, en politique plus encore qu'en toute autre chose, les grandes pensées viennent du cœur.

Ainsi il est vrai de dire qu'ils sont conséquens dans leurs inconséquences, et que la constance de leurs opinions éclate dans leurs apostasies ; car la vérité, à leurs yeux, c'est, soit vérité, soit mensonge, tout ce qui sert au maintien de leur alliage bâtard de monarchie et de république. M. Guizot, sous la restauration, donna des raisons péremptoires contre une chambre héréditaire en France ; en 1831 il en trouva d'aussi décisives pour l'hérédité de la chambre des pairs, et il fut conséquent à lui-même. L'école entière faisant de la contre-révolution en face d'un élan républicain, joue le même rôle que lorsqu'elle faisait de la révolution en présence de la tendance monarchique.

Au 7 août, elle comprit que pour soustraire la royauté nouvelle à l'action absorbante du principe électif, il fallait y introduire un autre prétendu principe qui lui donnât une existence propre. La légitimité superstitieuse de M. Royer-Collard n'était plus possible, car il fallait une pseudo-idée qui pût s'établir à côté de la souveraineté du peuple, sauf à la dévorer plus tard. Mais on avait un expédient théorique tout-à-fait approprié aux circonstances. L'histoire présentait un grand exemple d'une déception analogue à celle dont on conçut la pensée. Napoléon avait escamoté à son profit la souveraineté du peuple : à quel titre ?.. en se proclamant l'homme nécessaire. De même, en 1830, on eut recours à ce sophisme : Il nous faut, sous peine d'anarchie et d'invasion, un trône héréditaire. Or une seule famille est apte à l'occuper; car on prend les maisons princières toutes faites; on ne les fait pas. Et, en effet, on ne pouvait plus en faire dans la France du XIXe siècle : on pouvait tout au plus y reconnaître celles déjà investies d'une telle supériorité sociale par une longue possession née d'un vieux préjugé. Telle est la quasi-légitimité; tel est le sens de ce mot, que la France avait choisi Louis-Philippe parce qu'il était Bourbon.

De cette manière on établissait que la dynastie avait été l'ancre de salut de la France, son unique sauve-garde contre l'invasion et l'anarchie. Dès lors l'élection du duc d'Orléans n'était qu'un arrangement entre la maison princière et une nation qui avait plus besoin de la dynastie que la dynastie n'avait besoin d'elle : tel avait été le caractère de la révolution de 1688 en Angleterre, association à droits égaux des communes, de l'aristocratie et de la maison d'Orange. Dans cette élection l'acte de souveraineté du peuple s'était borné à la reconnaissance inévitable de la *nécessité* de la dynastie.

La souveraineté du peuple réduite à la dérisoire faculté de proclamer une nécessité, les deux cents députés pouvaient, aussi légitimement que toute autre autorité, le faire pour elle. Dans ce système se trouvait donc légalisé le titre de la royauté nouvelle, et en même temps déposé au sein de la souveraineté nationale un chancre rongeur, dont le règne de la pensée immuable n'est que le développement. Ainsi les doctrinaires, voyant que pour constituer l'élément monarchique et en faire une réalité, il leur manquait un principe rationnel, ont cru y suppléer par une théorie. Mais c'est dans une vérité, dans un *idéal*, qu'on peut puiser la vie, non dans un sophisme. Aussi celui-ci leur a-t-il offert si peu de ressources que nous les avons vus à la tribune désavouer honteusement leur fausse philosophie, en disant qu'elle n'engageait pas pour la pratique : aussi les voyons-nous chaque jour chercher d'indignes ressources dans ce machiavélisme brutal et ennemi des idées, dont l'empire leur a légué des exemples et des instrumens. Ce moyen de gouvernement est devenu un indispensable élément du leur, comme de tous les gouvernemens sans principes. Il a ses représentans *inévitables* dans le conseil. Enfin, comme il faut bien, en définitive, tendre vers un idéal véritable, sous peine de se placer hors de la *réalité*, ils sont forcés, en dépit de leurs théories, de se mettre, dans les faits, en marche vers l'idéal du passé. Ils sont, sous peine d'être entraînés par l'impulsion fatale de leur associé, le parti bourgeois, condamnés à s'efforcer de refaire l'aristocratie, de refaire le pouvoir absolu, de refaire la superstition catholique. Déjà nous avons les courtisans et la pensée immuable : plus tard nous aurons les tentatives de catéchisme et de rétablissement de l'influence cléricale. Oui, les doctrinaires sont condamnés à ce crime, et même ils sont, jusqu'à un certain point, exposés à y réussir. En ce cas, malheur à leur victoire !

Pendant ce temps, la tendance opposée, quoique trop faible pour faire équilibre à la leur, n'en subsiste pas moins dans le parti bourgeois, et de temps en temps, en dépit de toute la prudence doctrinaire, son subit effort rompt quelques uns des liens qui le rattachent à l'élément monarchique. A son insu, et bien sans intention, quand il n'obéit pas à une impulsion étrangère, moitié instinct, moitié aveuglement d'égoïsme, il travaille à la grande œuvre de la république. Nous n'en voulons qu'un exemple, où le contraste des deux factions est bien évident : l'abolition de l'hérédité de la pairie, votée malgré la résistance des doctrinaires. En faisant à la monarchie cette brèche, qui sera fatale si on ne parvient à la réparer, le parti bourgeois a prouvé qu'il se préfère à elle. Eh bien ! le moment n'est pas très loin où il devra choisir entre le dévouement ou la désertion.

Ainsi l'incompatibilité des deux élémens du juste-milieu se manifeste de jour en jour avec plus de gravité. Il semble qu'une grande peur commune pourrait seule resserrer leur lien et prévenir une rupture que cette tension devenue si violente fait présager. Le parti bourgeois, poltron et dominé par le sentiment de son impuissance gouvernementale, a été jusqu'ici de bonne composition. Cette velléité d'émancipation, dont nous avons été témoins dans ces derniers jours, a fini par un nouvel acte d'abnégation entre les mains de la monarchie : la bourgeoisie veut être bâtée et bridée, pour avoir la satisfaction de donner impunément des coups de pied aux prolétaires.

Si cette ridicule conjuration de coteries avait réussi, le parti monarchique, disloqué et forcé de se séparer d'un de ses élémens essentiels, n'aurait eu de ressource, en attendant un retour de fortune, que dans la volonté et l'influence royales. La royauté, se sentant ennemie naturelle de la nation, ne peut se résoudre à charger de sa fortune la barque du parti bourgeois. Elle n'ignore pas qu'il aura beau jeter l'ancre, elle ne trouvera pas le fond, et qu'il s'en ira à la dérive jusqu'à briser la couronne sur l'écueil populaire. Mais c'est une question de savoir si, une fois isolée de ses fidèles acolytes, elle pourrait, en dépit de son incommode associé, continuer ce système doctrinaire, avec lequel elle s'est identifiée d'ailleurs au point de pouvoir, avec quelque apparence de droit, en revendiquer la conception.

Ce système et la tendance réactionnaire dans laquelle il se réalise, ce n'est, il est vrai, qu'un expédient pour prolonger une existence condamnée ; cependant, que la royauté s'y tienne ; car, après cet expédient, pour elle il n'y a plus rien. Certes, un autre destin pouvait lui être réservé. Il fallait qu'elle comprît que le caractère de notre époque est un reste d'hésitation entre cet idéal chrétien qui a si long-temps plané sur le monde, et le nouvel idéal, dont le seul nom est encore république ; qu'à ce titre elle est réellement, comme on le dit partout, sans le bien comprendre, une époque de transition, et que ses institutions doivent participer de sa nature. Sans doute, puisque le parti bour-geois, incapable de garder seul la puissance, préférait la parta-ger avec une dynastie plutôt qu'avec les masses, la dynastie à qui cette part était déférée, devait l'accepter, mais seulement pour en faire hommage aux masses et pour l'abdiquer progressive-ment en leur faveur. Il lui fallait s'attacher au principe électif, qui était en elle, et le faire prévaloir sur le principe héréditaire. Il est trop tard aujourd'hui pour jouer ce rôle avec honneur et même avec sûreté ; mais en acceptant une telle mission, la dy-nastie eût été une portion indestructible de la réalité actuelle, jusqu'au jour où elle serait allée s'y perdre avec une gloire qui eût rejailli sur tous ses descendans. Elle eût été la sublime ini-tiatrice de la nation européenne. C'est ce rôle que d'illustres pa-triotes crurent compris par un roi qui se disait républicain. Rêve d'un autre siècle ! La Providence ne veut plus, sans doute, qu'il y ait de grands initiateurs entre les nations et la vérité : elle veut que l'acquisition de la liberté soit pour l'homme le premier acte de liberté. Eh bien ! si les grands hommes manquent pour ou-vrir au peuple les portes de la république, il ne se manquera pas à lui-même pour les forcer. Pour lui, être ou n'être pas, voilà la question. Il lui faut le néant ou bien la république, c'est-à-dire une vie réelle pour l'humanité, une civilisation com-plète dans la série de ses développemens successifs, à la fois ordre matériel, ordre moral, poésie, religion !

TH. FABAS.

REVUE ENCYCLOPÉDIQUE

PARAISSANT TOUS LES TROIS MOIS EN UN VOLUME DE **400** PAGES.

Une partie de chaque volume est consacrée à faire connaître les ouvrages les plus remarquables publiés en France et à l'étranger.

ON SOUSCRIT A PARIS,

Au Bureau de la Revue, *rue des Saints-Pères*, n° 26.

PRIX DE LA SOUSCRIPTION :

	POUR UN AN, ou 4 volumes.	POUR SIX MOIS, ou 2 volumes.
A Paris.	50 fr.	16 fr.
Dans les départemens.	54	18
Dans l'étranger.	58	20

L'administration fait tirer quelques exemplaires en outre du nombre des abonnés. Le prix de chaque volume, quand on peut les détacher pour les vendre séparément, est de 10 fr.

Les libraires, directeurs de postes, ou toutes autres personnes par l'entremise desquelles se font des abonnemens, ont droit à une remise qui est, savoir : Pour les abonnemens d'un an, à raison de 50 fr., 5 fr. Pour ceux de six mois, à raison de 16 fr., 1 fr. 50 c., sans préjudice du treizième d'usage.

Le volume dont cette brochure est extraite sera livré au public dans le courant de janvier 1835. Il contient, outre cet extrait, un article de M. P. LEROUX sur les Rapports du Christianisme avec la doctrine de la perfectibilité; un article de M. J. REYNAUD sur la position minéralogique de Paris, et sur les causes qui ont fait de cette ville la capitale de la France; un Résumé des progrès des Sciences géographiques en 1833, par M. D'AVEZAC; un Résumé des progrès des Sciences géologiques; un article de Statistique de M. QUÉTELET; un travail de M. GIROU DE BUZAREINGUES sur la Proportion des Sexes et les causes qui la modifient; des articles littéraires de MM. ÉDOUARD CHARTON et HIPPOLYTE FORTOUL, etc., etc.

PARIS, IMPRIMERIE DE BOURGOGNE ET MARTINET,
Successeurs de Lachevardiere, rue du Colombier, 30.